ZO WERDEN WIJ RIJK

THOMAS LEPELTAK

ZO WERDEN WIJ *Rijk*

Selfmade ondernemers in Nederland

Boom | Amsterdam

Vormgeving omslag: Studio Jan de Boer, Amsterdam
Vormgeving binnenwerk: Hannie Pijnappels
Druk en afwerking: AD-Druk, Zeist

ISBN 978 90 8506 598 2
NUR 680

www.uitgeverijboom.nl

Inhoud

Voorwoord

In deze tijd van financiële crisis wordt het belang van de directeur-eigenaar nog eens danig onderstreept. De enige echte ondernemer is de man die ook het financiële risico loopt. Maar het zijn de aangestelde managers die miljoenen aan bonussen in hun zak steken, ook als ze een bedrijf verlaten omdat het heel slecht gaat. En dan hebben wij het nog niet over de pijlsnelle beursjongens, die met de meest merkwaardige aandelen speculeren en daar in het verleden miljoenen aan verdienden. Wat is eigenlijk hun economische waarde? Waarmee hebben zij onze samenleving verrijkt? De hoofdrolspelers in dit boek zijn met niets begonnen en brachten werkgelegenheid en welvaart naar ons land. Ze waakten voor de continuïteit van hun bedrijf, deden geen gekke dingen en werkten vooral keihard.

Aanvankelijk zou dit boek een andere titel hebben, namelijk *Ik wil rijk worden*. Dat vonden de uitgever en ik toch een beetje te plat. Bovendien zegt een aantal hoofdrolspelers dat het hen helemaal niet om het geld gaat. Daar heb ik soms mijn twijfels over. Het is natuurlijk heel gemakkelijk en chic om te zeggen dat het niet om het geld gaat, als je eenmaal binnen bent.

Er zijn ook selfmade ondernemers die het als kind zo beroerd hadden, dat ze zworen dat hun kinderen en kleinkinderen het beter zouden krijgen. Nooit meer zulke bittere armoede! Ze wilden rijk worden.

De succesvolle ondernemers in dit boek hebben als opleiding vaak niet meer dan lagere school met soms slechts een of twee jaar ULO (Uitgebreid Lager Onderwijs) eraan vastgeplakt. Een enkeling volgde de ambachtsschool. Ze zijn het er allemaal over eens dat de grootste stommiteit op het gebied van het onderwijs na de oorlog het afschaffen van de ambachtsschool was, waar vaklieden vandaan kwamen. Hoe kon de regering zo stom zijn? Is het de oude socialistische filosofie van de verheffing van de arbeider? Allemaal naar de universiteit? Alsof een goede vakman iets minder zou zijn. De grote leegloop van de mavo en het vmbo met zijn enorme percentages dropouts is volgens hen het gevolg van leerlingen die helemaal niet naar dit soort scholen willen. Ze willen niet uit boeken leren. Ze hebben 'technische intelligentie' en willen met hun handen werken. Men is nu van plan de ambachtsschool terug te brengen volgens het Duitse systeem van gezel en leermeester. De leerling leert het vak in de praktijk en gaat een paar dagen per week naar school voor de theorie. Maar hebben wij nog genoeg vaklieden in ons land?

Een grote terugkerende ergernis van alle selfmade ondernemers is het foutieve gebruik van het woord ondernemer. Een ondernemer is in hun ogen iemand die eigenaar is van het bedrijf en zelf het kapitaalrisico loopt. Het gaat om zíjn centjes en niet om die van iemand anders. Dat zijn de enige echte ondernemers, de rest is een aangestelde manager.

Selfmade ondernemer Dik Wessels werd vanuit het niets topondernemer in Nederland en vertelde hoe hij vroeger last kreeg met de fiscus. 'U haalt iedere week zo'n klein bedrag huishoudgeld uit uw onderneming. Daar kan een gezin niet van leven. Wij verdenken u van nevenactiviteiten, die u voor ons verzwijgt,' zo zeiden de heren van de belasting. 'Daar had ik absoluut geen tijd voor,' aldus Wessels, 'ik was een bedrijf aan het opbouwen en werkte daar dag en nacht aan. Ik liet al het geld in mijn bedrijf zitten. Er moest vlees op de botten komen. Wij leefden een tijd op de rand van het bestaansminimum.'

En als je dan ziet hoe aangestelde managers klauwen met geld weghalen uit bedrijven die niet eens van hen zijn. Zo slepen ze miljoenen weg als ontslagpremie. Ook als het met het bedrijf heel slecht gaat.

De echte ondernemers vinden dat walgelijk en dit gedrag zorgt volstrekt ten onrechte voor een slechte reputatie voor hun activiteiten.

Helaas wilde Wessels zijn levensverhaal niet vertellen, 'Dat moet ik eerst aan mijn vrouw en dochter vragen.' En die vonden het niet goed, zo hoorde ik later.

Ook een van de meest succesvolle ondernemers die met niets begon, Jaap Blokker, wil niet. Ik kreeg van zijn woordvoerder tal van complimenten en woorden van waardering, maar de heer Blokker heeft zich zijn gehele leven buiten de publiciteit gehouden. Nooit heeft hij een interview gegeven en dat wil hij graag zo houden.

Blokker, die volgens de verhalen eens liftbediende was in een winkel aan de Kalverstraat in Amsterdam waar zijn moeder achter de toonbank stond, heeft een wereldconcern opgebouwd met zijn Blokkerzaken, Leen Bakker, Elektroblok, Rend Center, Novalux, Hollands Handelshuis, Bart Smit, Casa International, Casa France SA, Hoyng Nederland, Xenos, Intertoys, De Marskramer, Maxi Toys, etc.

Jammer. Doch daarom extra veel dank voor al die ondernemers die tijd vrijmaakten om hun verhaal te vertellen en die dat vaak voor de eerste keer deden. Laten we hopen dat hun verhalen een aansporing vormen voor de jeugd. Dat ze een bron van inspiratie zijn voor de nieuwe generatie die haar brood nog moet gaan verdienen.

Thomas Lepeltak – Amsterdam, oktober 2008

Dirk van den Broek

Van melkventer tot grootgrutter

Dirk van den Broek werd op 27 maart 1924 op de boerderij van vader Jan in Sloterdijk geboren. Het is nu een buitenwijk van Amsterdam en dat betekent niet bepaald een vooruitgang. Een klein stukje van de dijk en het kerkje zijn overgebleven terwijl links en rechts het verkeer en de trein voorbij razen. Alles wat mooi en dierbaar was, maakte plaats voor de Coentunnelweg, industrieterreinen en ander schoons.

Na de ulo betrad de jonge Dirk, een fris en actief knaapje, voor het eerst het pad van de handel. Met een ponywagen en brillantine in het haar reed hij Amsterdam-West binnen om daar direct de melk van zijn vader aan de consument te slijten. In die dagen kreeg de boer van de tussenhandel ongeveer vier cent per liter melk. De huisvrouw betaalde aan de deur de melkboer, die zijn waar van de grossier betrok, elf cent per liter. Het was voor de boeren, die de grootste moeite hadden rond te komen, geen lolletje om te zien dat anderen meer verdienden aan de melk dan zijzelf. Vader Van den Broek besloot de tussenhandel uit te schakelen en zelf te gaan leveren aan de consument.

Met een ponywagen ventte de jonge Dirk van den Broek melk
in Amsterdam-West. De jeugd reed graag een stukje mee.

Het beeld in die tijd van de zogenaamde melkboeren was bepaald niet verheffend. Er waren er honderden. Met de kannen in hun hand, draafden ze de ene trap op na de andere. 'Geef mij maar een halfje...,' 'Ja, juffrouw, nee juffrouw...'

Toen vader Jan in 1927 met een platte kar met paard ervoor uitreed, had hij veertig literbussen met melk, zo van de koe, opgeladen. Helemaal achterop stonden twee zestig liter kraanbussen, die voor dit doel gemaakt waren. Toen hij vanaf de Sloterdijkermeerweg de stad indraaide, galmde het tegen de gevels: 'Verse melluk, drie liter voor een kwartje...'

Negen cent de liter hadden ze afgesproken met als lokkertje drie liter voor een kwartje. Maar de vrouwen moesten ervoor omlaag komen, de trap af. En dat deden ze graag voor bijna een dubbeltje winst. De verkoop liep zo goed dat vader Jan ook melk bij andere boeren moest kopen. Hij ging nooit naar huis zonder los te zijn. Er werd goed verdiend.

Maar Jans grootste plezier was de koeienhandel. Met een 'tiet vol geld' trok hij erop uit. De handel was handje contantje en hij had soms wel een paar duizend gulden bij zich. Hij had het geld in een dertig centimeter hoge portefeuille in zijn binnenzak, maar met een koperen ketting om zijn nek gezekerd. Een veekoopman werd regelmatig overvallen en echtgenote Willemijntje Hogenbirk was altijd blij als hij weer veilig thuis was.

Kleine Dirk mocht wel eens met hem mee. Het was altijd de sport om een koe, die toen rond de honderd gulden kostte, voor de laagste prijs te krijgen. Als zijn vader ten slotte akkoord ging met de prijs, paste hij de volgende truc toe. Er hoefde niets meer van de prijs, doch hij wees op zijn zoon Dirk en zei: 'Maar geef die jongen een knaak.' Dat was psychologisch buitengewoon handig. De verkoper hoefde niets van de prijs af te doen, maar hij had een leuke frisse Hollandse jongen een knaak gegeven. Dirk van den Broek: 'Even later liet vader zich dan zijn "verdiende" riks of gulden, die toevallig tijdelijk in mijn broekzak zat, uiteraard teruggeven.' Dirk van den Broeks lijfspreuk luidt tot op de dag van vandaag: eert Uw vader en Uw moeder, opdat Uw dagen verlengd worden.

Zijn vader kon ook de koeien goed uit elkaar houden. Dat talent miste Dirk. Hij vergat de namen of haalde ze door elkaar. '"Dirk", zei vader, "jij zult nooit een goede boer worden." De tranen sprongen mij in de ogen. Op dat moment moet hij afscheid hebben genomen van zijn oudste zoon als opvolger.'

Dirk van den Broek werd geen boer. Daar had zijn vader gelijk in...

Op school aan de Admiraal de Ruyterweg in Amsterdam ontpopte de jonge Dirk zich als 'leider', hij liep altijd voorop. Hij wilde ook de beste van de klas zijn, maar er was er altijd een beter.

Onderwijzer Jelsma schreef hem veertig jaar later, toen Dirk als prijsbreker een beroemdheid in ons land aan het worden was: 'Ik heb altijd bewondering gehad voor je prestaties in de klas. Omdat ik wist dat je 's morgens om vier uur opstond en al zo'n twintig, dertig koeien had gemolken voordat je op school kwam. De andere kinderen in de klas waren misschien om zeven of acht uur opgestaan en kwamen dan flink uitgerust op school, terwijl jij er al een dagtaak op had zitten. Als oudste van het gezin (Dirk had twee jongere broers) moest je ook vroeg verantwoordelijkheid dragen. Zo herinner ik me nog mijn verbazing hoe je op zekere dag met tweehonderd gulden op school kwam, die je na schooltijd of in het speelkwartier naar het postkantoor moest brengen.'

Dirk ging automatisch naar de ulo en daarna aan het werk. Als ze hem hadden aangeboden door te studeren, had hij dat met beide handen aangegrepen, maar daar kon geen sprake van zijn. Hij ging melk venten met uitschakeling van de tussenhandel. Die uitschakeling, daar is hij zijn leven lang dol op gebleven.

Als een huisvrouw zich als nieuwe klant meldde en ze moest twee liter melk hebben, kreeg ze altijd nog een scheutje toe. Maar als ze vaste klant was geworden, werd Dirk minder scheutig. 'Of ik ging wat slordiger scheppen, zodat het scheutje toe niet echt meer melk betekende.' Hij werd kampioen klantenwinner en hij krijgt nog een kleur op zijn gezicht als hij zegt: 'Ik kan heel goed overweg met de vrouwen zonder dat ik bijbedoelingen heb.' Toch moet hij als jongeman met een melkwijk, waar je 's morgens vroeg begint, wel eens in de verleiding zijn gekomen? Dirk gaat er niet op in doch volstaat met de zinnen: 'Ja, er zijn dan vrouwen die je wel een leuk jochie vinden. En ik heb dus tamelijk jong wel eens wat geleerd..., ja.'

Zijn lieve moeder gaf hem voorlichting: 'Als je het straks met meisjes aanlegt: denk erom niet de dochter van de barones, maar ook niet de dochter van de dienstbode. Zoek een meisje van een familie waar ze van aanpakken weten. En waar ze weten wat een gulden waard is.'

Joukje de Jong was wat dat betreft een schot in de roos. Haar vader, ook een boerenzoon, nam in de crisistijd een melkwinkel over aan de Postjesweg. Het gehele gezin moest hard meewerken om een boterham te verdienen. De oudste dochter Joukje had haar eigen aandeel. 'Op mijn fiets had ik aan het stuur twee bussen van tien liter hangen. Ik reed telkens naar de zaak terug om die te vullen. Ik bezorgde melk bij klanten die de melk vroeger wilden hebben dan mijn vader langs kwam of die in andere buurten woonden. Je moest ook nog rekening houden met de wensen van de klant zelf: "Nee, ik wil dat je om tien uur komt!" Het was trap op en trap af, en dan steeds weer heen en weer naar de winkel.'

Zag Joukje ergens een verhuiswagen voor de deur staan, dan ging ze snel een flesje room ophalen. 'Gauw erop af. Of ik de melk mocht brengen, alstublieft een flesje room...'

Als haar vader een keer ziek was, moest ze ook de verre klanten doen. 'Ik zie mij nog duwen met die lompe lange fiets door de sneeuw de Kinkerstraat door. Je vond het allemaal gewoon.' De rest van de dag stond Joukje in de winkel. 'Die was tot 20.00 uur open. op zaterdag tot 22.00 uur en zondagochtend tot 12.00 uur. Na sluitingstijd werd er geboend en geschrobd om de zaak proper te houden.'

'De klanten waren ook niet altijd redelijk. Op zaterdag werkten wij vanaf zes uur 's ochtends tot twaalf uur middernacht. En dan hebben ze de moed om te vragen of je het nog even wilt bezorgen! Dan moest ik vaak om middernacht omhoog langs een stikdonkere trap, waar een touw langs hing. Met een onsje kaas. "Nou bedankt hoor kind, schrijf het maar op", ik zat de hele weg terug te schelden. Maar als meisje van vijftien had je niks in te brengen en winkeliers vonden het normaal. Ze waren altijd bang een klant te verliezen. Mijn moeder zei dan: "Ja kind, maar we moeten van die mensen eten. Dus daar moet je wel een beetje beleefd tegen zijn."'

En op die Postjesweg kwam Dirk met zijn ponywagen langs rijden. 'Een lekker fris mannetje met rode wangetjes,' zo stelde Joukje vast als ze met haar zusje achter de gordijnen zat te giechelen. Zij had een paar klanten in de wijk van Dirk, die oog had voor het schatje. Hij zocht contact. 'En dat gaat pas echt goed als de belangstelling wederkerig is.'

Er was weinig vrije tijd. Joukje de Jong had haar ouders ervan kunnen overtuigen dat ze liever de catechisatie in de Petruskerk op Sloterdijk wilde volgen, waar ze de laatste tijd opvallend vaak op zondagochtend de dienst bezocht. En zo kwamen ze via de kerk nader tot elkander. Hij is niet meer gelovig. 'Ik vertrouwde het niet helemaal van hierboven. Ik respecteer mensen die wel geloven. Bij Joukje zit het wat dieper. Soms ben ik wel jaloers op ze. In moeilijke tijden krijgen ze zeker steun uit hun geloof.'

Toen liet Joukje een glansfoto van zich maken voor Dirk. Op een winteravond had Dirk de foto in zijn binnenzak. Deze aantrekkelijke jonge vrouw hoorde bij hem. Zij was vijftien en hij zeventien.

Op 27 maart 1941 mocht Joukje voor het eerst bij de familie Van den Broek op bezoek. Haar moeder had haar op het hart gedrukt meteen te helpen. 'Niet blijven zitten. Vraag maar of je wat kan doen. Slagroom kloppen of zo...'

Op 16 maart 1944 – Dirk was negentien en Joukje achttien – trouwden ze. Joukje was in verwachting. 'Zo jong trouwen, dat heb ik iedereen, vooral ook mijn kinderen afgeraden. Bij hun vader en moeder is het goed gegaan, maar dat is niet altijd zo. Je moet meer ervaring opdoen voordat je aan een huwelijk begint. Je moet eerst de kunst verstaan goed te oordelen, anders is het risico van mislukken groot.'

Inmiddels had er een stevige omslag in het zakendoen plaatsgevonden. De bezetters bepaalden in 1942 dat alle melk van de boeren aan de zuivelfabrieken geleverd moest worden. Daar werd de melk gestandaardiseerd (teruggebracht tot een vastgesteld vetpercentage) en gepasteuriseerd. Het rechtstreekse uitventen was daarmee verboden.

Dirk ging in de detailhandel en opende een zaak op het Mercatorplein. Je moest 21 jaar zijn om een eigen zaak te beginnen, maar vanaf je achttiende was dispensatie mogelijk. Je moest dan wel een handlichting aanvragen bij de kantonrechter en die kreeg Dirk. Samen met Joukje ging hij aan de slag. Van 's ochtends 6 tot middernacht. Inclusief het weekeinde. Joukje stond tot de dag van de bevalling van de oudste zoon nog achter de toonbank. Niks geen zwangerschapverlof. Het waren moeilijke jaren, de hongerwinter en later de distributie, alhoewel eigenaars van boerderijen wel in het voordeel waren.

Maar in 1948 brak de zon door. Hij kreeg een artikel onder ogen in een Amerikaans blad met daarin het succesverhaal van Robert Otis en Ray Dawson. Midden in de crisis hadden ze een leeg pand gekocht. Bij het binnenkomen werd de klanten een mandje uitgereikt. Men wandelde langs de levensmiddelen en arriveerde ten slotte bij de kassa, waar de inhoud van de mand werd afgerekend. Dit zelfbedieningsysteem werd een grandioos succes. Een paar dagen later stond in de krant een bericht over de eerste zelfbedieningszaak in Nederland.

Dirk ging kijken bij de familie Van Woerkom in Nijmegen. Hij besloot in de tuin achter zijn winkeltje een loods te bouwen en zo opende hij de eerste supermarkt van 140 vierkante meter in Amsterdam. Maar de zaak liep niet vanzelf. De klanten hadden een zekere schroom om de artikelen zelf te pakken. De eerste maanden moesten de mensen gewoon winkelles krijgen: 'Toe maar, mevrouw, u mag het echt zelf pakken.' De omzetten bleven onder het peil dat de enorme investeringen eisten. Dirk kreeg al snel door waar dat aan lag. De mensen vonden het bij de kleine kruidenier toch gezelliger. Een babbeltje en zo. Je moest dan wel eens wat langer wachten, maar dat was niet zo erg.

'Ik moest lagere prijzen gaan berekenen. Zodat de huisvrouw, die toch een gedeelte van het werk van de kruidenier overnam, voor dat werk beloond werd. Ik moest prijsstunten.'

En daar begint het grote succes van de boerenzoon uit Sloterdijk. Hij moest de grossiers omzeilen. En als dat lukte en de fabrieken leverden hem meteen, dreigden de grossiers weer met een boycot van die fabriek. Maar ook producenten, die een vaste detailprijs hanteerden, gingen dwarsliggen. Er kwamen prijsvergelijkingen tussen Albert Heijn en Dirk via een advertentieoorlog in de kranten

Albert Heijn was toen de eigenaar van Simon de Wit. Bij Dirk kostte een fles sherry 3,50 gulden per fles, maar de grote baas van Simon zei in *Het Parool* dat hij met de sherry van Dirk niet eens de afwas wilde doen.

Onmiddellijk begon Dirk een proces. Hij kreeg gelijk. Prijsvergelijking was oké, maar met deze opmerking ging Simon over de schreef. Dat was de uitslag van het kort geding. Toen begon Dirk nog een proces om een miljoen schadevergoeding. Want als je zo'n opmerking maakt over een artikel van je concurrent-collega, bedoel je dat zijn hele handel niets voorstelt. Wat zich had afgespeeld, zat Albert Heijn helemaal niet lekker. De grote – later vermoorde – Gerrit-Jan Heijn kwam naar het piepkleine kantoortje van Dirk, die voor zijn gasten zelf de koffie zette. Dirk vertelt: 'Hij legde zijn portemonnee op tafel met de woorden: "Dirk, zeg maar wat er in moet. We willen geen proces, zeg maar wat er in moet..." Toen heb ik gezegd: "Niks, geef me maar een hand."'

Voor zijn verdiensten werd Dirk sr. benoemd
tot Officier in de Orde van Oranje Nassau.

Dirk opende de ene supermarkt na de andere, begon een slijterijketen en ging in de horeca. Dat laatste was een vergissing. Het heeft veel geld gekost, vooral het project aan het Gardameer waar Dirk geflest werd. Klanten betaalden voor hun vakantie aan hem. Hij betaalde aan een tussenpersoon en die bleek op een gegeven moment niets af te dragen aan het hotel. Dirk moest de gasten onderdak bieden en nog eens betalen ook. Dat kon niet anders.

Terwijl Dirk van den Broek zoveel plezier beleefde aan het helpen in Italië. Als er veel bussen tegelijk voor het hotel stonden, sjouwde hij koffers en hij genoot later van de opwinding als men hoorde wie hij was. Het ergste vond hij dat hij zoveel energie had gestoken in zijn horecapoot. 'Die energie had ik beter in mijn winkels kunnen steken, dan was ik nu de tweede in Nederland geweest.'

Al maanden voor het debacle van Albert Heijn waarschuwde Dirk dat het daar nooit goed kon gaan. Ze kochten veel te veel en hadden gigantische bankschulden. Iedereen dacht dat de oude Dirk dit vertelde uit concurrentieoverwegingen. Niets bleek minder waar. Dirk: 'Ik heb zelf ook wel een paar grote (voor ons doen dan) overnames gepleegd. Hele winkelketens. Wij praten liever niet van overnemen, maar van voortzetten. Daar trokken wij veel tijd voor uit. Eerst gingen Joukje en ik daar een maand volkomen onopgemerkt boodschappen doen. Kijken wat voor zaak het was. Was het schoon, was het personeel vriendelijk, was er ruim aanbod, wat voor soort klanten hadden ze en hoe duur waren ze dan. Daarna bekeken wij uitgebreid de boekhouding en bespraken de leiding. Wie wilden we wel overnemen en wie niet. Zo'n overname ging met de grootste zorgvuldigheid gepaard. Ja, jongen, het zijn mijn centen. Mijn eigen centen. We zijn niet bang, maar wel voorzichtig!'

Cees van der Hoeven van Ahold kocht in Amerika de ene zaak na de ander. Van de centen van de aandeelhouders. Duidelijker kan het verschil tussen de ondernemer-eigenaar, die zelf het kapitaalrisico loopt en de aangestelde directeur niet gemaakt worden.

De jongen met de ponywagen volgeladen met melkbussen is groot geworden. Hij is maar twintig jaar ouder dan zijn zoon Jan, die hem opvolgde. Jan ging de boel in het buitenland afkijken. Toen hij terugkwam om zijn intrede in het bedrijf te doen, was hij 22 en zijn vader 42. 'Vaak zeiden ze op vergaderingen, "Maar uw broer zei..." Toen hij terugkwam zei Jan dat alles anders moest. Hij had veel praatjes en niets deugde er. Ik kon het verdragen, want ik was nog soepel van geest.'

De concurrentie is moordend. Een oog voor detail is heel belangrijk. Toen uw schrijver eens met Dirk langs een etalage in Brussel wandelde, lag deze vol met glazen. 'Wat vind je van het glas?' Zo vroeg Dirk. Het was een heel mooi wijnglas en nog voor geen zes gulden. 'Fout uitgestald dus. Want je ziet zo'n massa glazen dat je denkt: dat zal wel rommel zijn. Ze hadden een glas op een hoge standaard moeten zetten. Desnoods met fluweel erbij. En dan had je gezegd: "Wat een prachtglas. Hoe kan dat voor nog geen zes gulden."' zo zei Dirk.

Er zijn inmiddels 13.500 mensen in dienst. Er zijn ruim 350 winkelvestigingen, waaronder Dirk, Bas en Digros, de reisbureaus D-reizen, Dirck III-slijterijen en de drogisterijketen Dirkx.

Zoon Jan leeft wat royaler dan pa, die er nooit over zou peinzen een privéjet te charteren en dure vakanties te houden. Pa heeft daar geen problemen mee. Die doet daar niet moeilijk over, 'want de tijden en de omstandigheden zijn veranderd'. Toen in juni 1992 het familieconcern vijftig jaar bestond zei hij op de receptie in De Bokkedoorns (twee sterren): 'Zet niet in de krant dat het in de Bokkedoorns is gevierd. Wij hebben altijd de laagste prijzen en dan denken de mensen dat ik duur aan het doen ben.' En dat terwijl er niet eens echte champagne werd gedronken, maar een mousserende wijn onder de naam Montlouis Brut. Dat zie ik de nieuwe generatie en zeker Jan nog niet doen.

Drie kleinkinderen zijn zich al aan het warmlopen. 'Maar de top bereiken in een groeiend familiebedrijf zal heel, heel moeilijk zijn.

Dan moet je toch een beetje een genie zijn. Dus dat is afwachten. Voorlopig zitten ze in de loopgraven om alles van de vloer te weten.' Managers van de grote filialen mogen naar de vergadering iedere keer drie jonge meisjes/jongens meebrengen en die mogen dan twintig minuten per persoon spreken en vertellen hoe het beter kan. De familie is op zoek naar sluimerende talenten.

Daar het nog steeds om een niet ter beurze genoteerd familiebedrijf gaat, hoeft men geen cijfers te publiceren. 'En dat is maar goed ook. We hoeven de concurrentie niets wijzer te maken.'

Als je naar het hoofdkantoor van de Samenwerkende Dirk van den Broek Bedrijven in Hoofddorp rijdt, is het best mogelijk dat je een oudere heer in een verschoten goedkoop jack ziet rondwandelen. 'Dat is mijn spionagejasje,' zegt Dirk van den Broek met een glimlach. Hij gaat dan bij de concurrentie op bezoek en schrijft rapporten. 'Als ze wat met mijn suggesties doen, ben ik zeer tevreden. Dan denk ik, ik beteken nog wel wat.' Voor hele belangrijke vergaderingen wordt hij nog uitgenodigd. Maar de tijden zijn veranderd. In zijn jeugd was de invloed van ouders op hun kinderen enorm. 'Je deed wat zij wilden. Dat is niet meer zo. Je moet je kinderen laten gaan. Zij doen het op hun manier.'

In al die jaren heeft Dirk van den Broek rustig en vastberaden zijn groeiende familiebedrijf bestierd. Nervositeit is hem vreemd. En als nu eens een bedrijf tegenslag ontmoet en als een dominosteen omvalt, de andere dominostenen meeslepend?

Dirk: 'Daar maakte ik mij nou echt niet druk over. Dan begon ik toch gewoon met Joukje weer een winkeltje op het Mercatorplein. En ik bezweer je dat wij binnen de kortst mogelijke tijd de beste winkel tot in de wijde omgeving hadden...'

Ferdinand Fransen

Van kantoorbediende tot reismagnaat

In het struweel naast de Universiteit Twente in Enschede huist aan een lommerrijke oprijlaan Ferdinand Fransen, de nestor van de Nederlandse reiswereld. Hij bewoont er met zijn Kirsten een behaaglijke villa met zwembad. Maar zo is Ferdinand, die onlangs tachtig werd, niet begonnen. Je zou hem in moderne taal best 'kansarm' kunnen noemen. Maar Ferdinand Fransen creëerde zijn eigen kansen.

Zijn opa van moeders kant was een bekwaam schoenmaker op het gebied van maatwerk. Het gaat hem goed en hij bezit zelfs een aantal panden in Enschede. Daarom wordt hij ook gevraagd in het armenbestuur van de St. Vincentiusvereniging van de Roomse kerk. Grootvader Jan Hendrik Klostermann komt zo in direct contact met de heersende armoede. Hij gaat vrijwel voor niks werken voor de nooddruftigen en komt daardoor in de financiële problemen. Hij vraagt geen contante betaling aan mensen die het niet hebben. Hij schrijft een rekening, die vervolgens zelden wordt voldaan. Hetgeen leidde tot de verkoop van zijn huizen. Hij ging net niet failliet.

Hun dochter Berndina trouwt met Ferdinand Fransen. Zij wordt de moeder van vier zonen: Jan, Wim, Gerard en onze Ferdinand, die

Ferdinand was in zijn jeugd een begaafd kogelstoter.
Ook was hij een behoorlijke voetballer.

op 23 februari 1928 in Enschede het levenslicht aanschouwt. Een echte Tukker.

Vader is zelfstandig huisschilder in de crisistijd. Het was soms bittere armoede. Op de enige fiets die het gezin rijk is, maakt hij tochten langs bedrijven om maar aan opdrachten te komen. Kleine Ferdinand mag wel eens met vader mee op zoek naar werk. Ik zie hem al met zijn slimme oogjes zitten achter op de bagagedrager. Eens was er een plotselinge stop bij café Savenije. Vader bestelt een borrel en geeft zijn zoon een dun reepje chocolade. 'Niets tegen moeder zeggen,' zo fluistert de man voor wie het ventje zoveel ontzag heeft. Vader moest even nieuwe moed verzamelen. 'Ik voelde de saamhorigheid maar ook alle onmacht. En ondanks mijn jonge leeftijd, ondanks de geborgenheid, ondanks het optimisme van mijn vader, drong het verdriet tot mij door,' aldus Ferdinand.

Het waren barre tijden. Vooral in de wintermaanden: 'Geen werk. Geen inkomen. Armoede.' Toch denkt Ferdinand Fransen terug aan een warme tijd. 'Soms wat doppinda's in het weekeinde. De mooie zangstemmen van vader en moeder waarvan ik zo genoot... En wij zongen de liedjes, die wij op school geleerd hadden.'

Tot overmaat van ramp sterft vader in 1938. Veel te jong. Ferdinand was tien jaar oud. Zijn moeder bleef met vier knullen van twaalf, elf, tien en zeven jaar zitten. 'We konden ons geen waardige uitvaart veroorloven. Op dat moment begon mijn aversie tegen het instituut kerk. Een kerk die onderscheid maakt tussen mensen op basis van geld. Vaders requiem weggestopt in de vroegmis, en een plek op de begraafplaats helemaal in het achterlaantje. Ik ben daar maar één keer geweest en word er nog treurig van.'

Terwijl er toch duidelijk sprake was van een rechtgeaard katholiek gezin dat de opdracht uit Rome serieus opvatte. Jaarlijks een nieuwe zoon, onderbroken door een kindje dat een paar maanden na de geboorte overlijdt.

Moeder staat er alleen voor. 'Ondanks alle moeilijke omstandigheden, wist ze sfeer en gezelligheid in ons huis te brengen.' De vrienden van de mulo, die Ferdinand mee naar huis nam, waren verbaasd over het gemak en het inzicht waarmee zij verschillende onderwerpen behandelde. Zij helpt bij het huiswerk, beheerst de talen en kent haar dichters. Ze draagt uit haar hoofd voor uit de Gijsbrecht en kende ook de gedichten van Guido Gezelle. Ferdinand: 'Een begaafde vrouw die veel boeken las. Zij was heel intelligent. Zij kon ons helpen met alles. Ook met Frans. Zij heeft eigenlijk alleen maar pech gehad in haar leven. Was ze vijftig jaar later geboren, dan had ze ongetwijfeld een universitaire studie gevolgd.'

'Wij waren als opgeschoten jongens niet altijd even gemakkelijk, maar we droegen haar op handen. We waren ook een beetje egoistisch en zouden geen andere man in ons gezin geduld hebben. Maar ja, op die leeftijd denk je uitsluitend binnen het kader van het veilige gezin dat je kent. Zij gaf ons met haar prachtige schoonschrift, haar gedichten, spreekwoorden en gezegdes de bagage waarmee wij alle vier uiteindelijk onze goede plek in het leven vonden.'

De oudste broer, Jan, wordt een belangrijke steunpilaar voor moeder. Samen zoeken ze een goedkopere woning, waar de huur een gulden en een kwartje lager is. Nieuwe rampen wachten. Op 22 februari 1944 lossen geallieerde bommenwerpers per ongeluk hun bommenlast boven Enschede. Ze dachten dat ze al over de grens waren. Huizen en bedrijven worden met de grond gelijk gemaakt. Ook het huis van de familie Fransen is daarbij en het weinige dat de familie bezat, ging verloren. Ze zijn dakloos en vinden in de Lipperkerkstraat, naast de kruidenierswinkel van de familie Bannink, een deel van een huis. 'Van een van de zonen, Harry Bannink, zullen wij later nog veel horen,' zegt Ferdinand met een glimlach.

De oorlogswinter kwam eraan en gelukkig was broer Wim bakkersknecht geworden, zodat er soms wat brood was. Maar de familie leerde wat echte honger is. Deze periode vormt de latere ondernemer Ferdinand Fransen. 'Ik wilde dit *nooit* en *nooit* meer meemaken. Mijn kinderen en kleinkinderen zullen het beter krijgen. En ook de vernedering van giften, waarvoor de barmhartige gevers wel erg nadrukkelijk bedankt wensten te worden, staat in mijn geheugen gegrift. Net als die meetkundeleraar op de mulo, die ik wat vroeg. Hij zei dat hij dat vorige week al behandeld had. Ik zei dat ik er toen niet was. Waar was ik dan? Mijn moeder was ziek. Toen sprak hij smalend tot mij en met een zekere verachting: "Oh, ja. Jij zoon van een arme weduwe." Zoiets vergeet je niet.'

Zijn moeder kreeg 13,5 gulden per week steun en 10 gulden per maand van het armenbestuur van de St.Vincentiusvereniging. 'Mijn eerste fiets kreeg ik toen ik twintig was. Mijn sportkleding kreeg ik van mijn peettante.' Die sportkleding kwam goed van pas. 'Anders had ik nooit aan sport kunnen doen.' De jonge Ferdinand bleek aanleg te hebben voor voetbal en de kapelaan vertelde naar welke voetbalclub hij moest: Vosta. Een katholieke vereniging die in de tweede klasse der KNVB speelt. Hij wordt er aanvoerder van het eerste elftal. 'Door een verkeerde manoeuvre van onze eigen keeper raakte ik behoorlijk gewond. Ik kreeg een niet geringe neusbreuk. Daar valt mee te leven. Maar ik walgde van de reactie van de tegenstanders. "Mooi zo, Fransen ligt d'ruut, dan kun'n we toch nog win'n."'

'Ik ben hard, maar wel sportief. Nu stopte ik ermee. In mijn hele voetballoopbaan kreeg ik slechts een officiële waarschuwing.' Hij kreeg een aantal aanbiedingen om prof te worden. Vol trots laat hij een oud krantenknipsel zien: 'Fransen beschikt over een fabelachtige koptechniek, weinig traptechniek, maar daarnaast een groot doorzettingsvermogen.'

Diep in zijn hart had hij liever bij de Enschedese Boys of bij de Sportclub gespeeld. Ook kogelstoten en speerwerpen blijken hem op het lijf geschreven. Meerdere malen wordt hij Twents kampioen. Zonder enige oefening haalde hij de vijftig meter met de toen nog ijzeren speer. En in een jaar waarin het wat minder ging, wordt hij zo nijdig door een onverwachte verre worp van een clubgenoot dat hij met kogelstoten – voor hem een bijnummer – zijn persoonlijke record verbetert. Dat gebeurde met anderhalve meter, zodat hij alsnog een Twentse kampioenstitel verwierf.

Hij leert door de sport ook pastoor Holterman van de Mariakerk kennen die hem weer wat dichterbij de moederkerk brengt. Vrijwel iedere pastoor is gesteld op goede spijs en drank. Pastoor Holterman was gul en liet iedereen bij de bestuursvergadering op zijn pastorie meedelen in zijn aardse genietingen. 'Er kwam altijd uitstekende wijn ter tafel en zijn toelichting vergrootte onze kennis van het mooie vocht onder de kurk.'

Maar Ferdinand blijft de grootste moeite hebben met de dogma's en de ongelijkheid binnen het instituut kerk. De armenbank en al die vernederingen horen niet bij een kerk die liefde dient te prediken. Maar het enthousiasme en de bevlogenheid van pastoor Holterman voeren hem een stukje op de weg terug. Dogma's blijven echter een probleem. 'Zeg, wat denk jij nou van het dogma Maria ter Hemelopneming? Zweeft zij nu ergens rond in de ruimte?' Hij is nog wel gelovig. 's Ochtends zegt hij altijd voor het opstaan: 'Oh, Heer, hartelijke dank dat ik er weer ben. Ik vraag U om Uw zegen voor deze dag.' 'Als je zo in de wereld rondkijkt, vind ik dat er méér moet zijn. Dat kan niet anders. En of je dat nou God noemt, Allah of Boeddha, dat zal mij een zorg wezen. Ik geloof in God als een goede vriend, die je tegemoet komt en je omarmt. Ik geloof in een liefdevolle God.'

Hij kreeg de tip dat de boekhouder van reisbureau Twente en touringcarbedrijf Arke & ten Barge langdurig ziek was. Hij kon daar invallen voor zestig gulden per maand en dat kon zijn moeder goed gebruiken. Na de bevrijding, toen Hennie Agterhuis weer hersteld was van zijn tbc, maakte Ferdinand een overstapje naar een machinefabriek voor tachtig gulden per maand.

Het touringcarbedrijf, dat uitsluitend uitstapjes per bus organiseerde en ook arbeiders uit Twente en omgeving en Duitsland naar de Twentse textielfabrieken vervoerde, kreeg het weer drukker. Fransen werd teruggevraagd voor een commerciële functie! Hij blufte: 'Ik verdien nu negentig gulden.' 'Dan krijg je hier honderd,' was de reactie. 'Ik terug naar de machinefabriek, die mij wilde houden voor

110. Uiteindelijk kwam ik bij Arke & ten Barge voor 125 gulden per maand. Mijn moeder vond mijn handelen schandelijk. Maar ik dacht dat als Arke het niet kan betalen, dan zullen ze het zeker niet doen.' Een wervelende carrière was begonnen.

De klanten gingen voor één of twee dagen naar Volendam, Scheveningen, het Rotterdamse Blijdorp of Zuid-Limburg. We moeten ons van die bussen niet al te veel voorstellen. Het dak bestond grotendeels uit een linnen doek dat bij warm weer uitzette en bij koude kromp. Zat je tijdens een regenbui onder een kier, dan had je pech. Maar dat mocht de pret niet drukken. Ook het aanbod aan hotels was schaars. De kamers hadden nog geen toilet of douche. Soms werden de reizigers bij mensen thuis ondergebracht. Er was eens een geschil met een hotel over de plaatsing van zijn gasten. Ferdinand vloog met het privévliegtuigje van Jan ten Barge van Twente naar Limburg. 'De taxichauffeur die mij op vliegveld Beek oppikte, vertelde dat ons hotel onze gasten ook wel eens elders onderbracht. En dat voor 6 gulden, terwijl wij 12,50 aan het hotel betaalden. Ik ging toen met die chauffeur langs alle privéadressen en bood ze direct een contract aan.'

Dat was de tijd dat Fransen vaart bracht in het reisbureau. De tijd dat de Nederlander na de benauwenis van de oorlog er wel eens op uit wilde. Het was voor het eerst dat het bedrijf kon profiteren van een gunstig economisch tij.

Het was een heel wat moeilijker tijd toen Jan ten Barge samen met Frits Arke in 1934 Reisbureau Twente oprichtte. Het was toen crisistijd en even later werd het oorlog. Toch weten de heren het bedrijf drijvende te houden. Ze vormen ook een ideaal paar: Jan heeft koopmanschap en lef. Frits is voorzichtig en heeft veel knowhow in de reisbranche. 'Als ik met hem spreek over een willekeurige stad in ons reisprogramma, dan somt hij moeiteloos alle bezienswaardigheden op,' zegt Ferdinand.

Frits speelde voorts een rol in de brancheorganisatie. Hij zat ook in het kerkbestuur en had altijd een rozenkrans bij zich. 'Wanneer wij samen onderweg zijn op inkoopreis, kon hij plotseling zeggen: "Ferdinand zullen wij even een tientje (onderdeel van de rozenkrans) bidden." Hij had een groot gevoel voor ethiek in zaken.' Zijn compagnon Jan ten Barge heeft flair en bluft zich overal doorheen. Hij gaat graag weddenschappen aan, was heel actief in het verzet en heeft na de oorlog moeite afstand te nemen van het grensoverschrijdende gedrag. 'Maar dankzij Jan ben ik in de reisbranche gebleven. Hij heeft mij gebeld of ik terug wilde komen en wint mij met 125 gulden voor de reisbranche.'

Op 1 november 1950 gaan Jan ten Barge en Frits Arke ieder hun eigen weg. De boedel wordt verdeeld. Jan gaat na anderhalf jaar al failliet. Frits is nog zelden op kantoor, maar Hennie Agterhuis en Ferdinand Fransen houden de boel draaiend. En hoe! Het touringcarbedrijf loopt goed en gaat steeds dieper Europa in. In 1963 wordt besloten als drie gelijkwaardige aandeelhouders verder te werken. Hennie past op de centen en Ferdinand is op zoek naar nieuwe bestemmingen en zorgt voor de in- en verkoop van de reizen. Frits is actief op de achtergrond en verricht nog hand- en spandiensten.

Ferdinand Fransen gelooft heilig in vliegvakanties naar de zon. Hij ziet daar de toekomst liggen en overtuigt zijn compagnons dat Arke hierin mee moet gaan. 'Het kostte mij de nodige moeite om beiden zover te krijgen en tot mijn schande verliezen wij het eerste jaar een ton. Dat was veel geld in die dagen.' De heren zeiden dat ze zich dit niet nog een jaar konden veroorloven. En uit angst werd er een jaar gestopt. 'In de loop van dat jaar weet ik ze te overtuigen dat vliegen toch de toekomst heeft. Ik weet het vertrouwen te herstellen. Na het likken van onze wonden, gaan we opnieuw de lucht in. Dit luidt het tijdperk van grote bloei in.'

Frits Arke trekt zich met een mooie pensioenregeling terug uit de zaak. Hennie Agterhuis en Ferdinand Fransen gaan de wijde wereld in. Het worden gezworen kameraden. Ze delen op hun reizen zelfs een kamer. 'Hij was niet alleen mijn maat, hij was mijn broertje.' Zij leerden elkaar kennen op een manier die alle andere vriendschappen te boven gaat. Zij kenden ieder hoekje van elkaars ziel. Hennie wist alles van Ferdinand, zoals zijn zwak voor casino's om daar wat geld te verliezen. De gedeelde kamer was trouwens de redding voor Hennie, want op een nacht krijgt hij een hartaanval en wordt zijn slapie op tijd wakker om een arts te waarschuwen. Hij wordt nooit meer de oude en zal in 1975 overlijden. Ferdinand voelt zich schuldig. Want zijn boezemvriend zag niet zoveel in groei. 'Ferdinand, kunnen we het niet mooi klein houden, jij en ik? Een paar bussen, meer hebben wij toch niet nodig?' Maar Ferdinand zag de groei als een overlevingsstrategie. In de reisbranche wint de massa.

De bestemmingen worden exotischer. De gasten klagen soms over het eten in die verre landen. Zoals in de jaren vijftig met de bussen naar Oostenrijk toen Ferdinand alsmaar door de restaurants liep te roepen: 'Kein Knoblauch, kein Knoblauch.' Hij neemt nu in zijn eentje veel hooi op zijn vork. Voorzitter van FC Twente (1975-1982), voorzitter van het ANVR-garantiefonds, de geschillencommissie, de IFTO (Intern.Fed. van Tour-operators) en nog veel meer. Zijn dochters klagen. Monique, Ellen en Barbara spreken hem ernstig toe: 'Pa, wij willen dat je meer aandacht voor ons hebt en minder tijd besteedt aan voetbal.'

Over de geschillencommissie zegt hij: 'Als de mensen klagen, moet je altijd eerst informeren wat voor weer ze tijdens hun vakantie hadden. Dat is vaak de sleutel tot hun klacht. Als ze slecht weer hebben, beginnen ze te klagen. De keuken is te klein, de kamer te groot of te klein en de badkamer deugt ook niet. De mensen hebben vaak te hoge verwachtingen. En dan speelt de reiservaring een grote rol. Dit laat onverlet dat een reisorganisator moet leveren wat hij heeft beloofd. Gelukkig zijn de touroperators wijzer geworden. Ze publiceren niet meer van die geflatteerde foto's, zodat de mensen als ze ter plaatse komen hun eerste geweldige afknapper krijgen.'

In de jaren zeventig en tachtig vindt er een explosieve groei plaats van vliegvakanties. 'We groeiden soms te hard.' Ferdinand besluit zijn eigen vakantiecomplex te bouwen op de Canarische Eilanden, 157 appartementen en luxe bungalows onder de naam Barbacan. Het waren de enige bungalows op Gran Canaria die vier sleutels (de hoogste classificatie) hadden. Bij de bouw van Barbacan reden de bussen van de concurrenten langs en dan werd gezegd: 'Dat wordt de doodskist van Ferdinand Fransen.' Hij liep een enorm risico. Als het fout zou gaan, stond het hele bedrijf op het spel. Later zou een hotel in Andalusië, het Meliá-Sancti Petri, volgen met 228 super-de-luxe kamers, vijf sterren plus, het mooiste hotel in de verre omgeving. Hij ging naar dit gebied, Chiclana de la Frontera, toen hij ruim duizend man personeel van Arke mét aanhang meenam naar Zuid-Spanje om ze te belonen voor hun harde werken en om zijn afscheid te vieren van Arke in 1994.

'Weet je dat wij wel eens te hard groeiden. Onze mensen bleven dan rustig tot middernacht doorwerken en daar kregen ze geen stuiver extra voor. Maar als wij winst maakten, waren wij ook gul naar de mensen toe. Je moet je goed realiseren dat je niets alleen doet. Je hebt altijd je mensen nodig. Je moet nooit denken dat je de wijsheid in pacht hebt. De loopjongen kan je nog iets vertellen wat je niet wist en waar je nooit was opgekomen. Je moet ook mensen in dienst hebben die op bepaalde gebieden meer weten dan jij. Als je denkt dat je alles zelf beter weet, luid je het begin van je eigen ondergang in. Een baas die niet naar zijn mensen luistert, is geen knip voor zijn neus waard.'

Hij heeft de gehele wereld overgevlogen voor zijn vakantiebestemmingen. Wat vindt hij nu zelf het mooiste? Hij kan er bijna poëtisch over praten: 'Antarctica. Ik heb veel van de wereld gezien, maar de hemelse rust en de imponerende, ongeschonden natuur aan de Zuidpool maakten een grote indruk op mij. De helblauwe zee, de albatrossen, pinguïns, robben, walvissen en de kilometerslange ijsschotsen. Wat een prachtstukje van de wereld!'

Wat hij graag en veel doet is luisteren, rondlopen, en een compliment geven. Binnen zo'n werksfeer vind je altijd een bepaald soort

Een eer die slechts weinig Nederlanders te beurt valt: een vliegtuig dat naar je vernoemd wordt. Bij de doop van de 'Ferdinand Fransen' heft Steven van der Heijden (links), de voorzitter van de raad van bestuur van TUI, de moedermaatschappij van ArkeFly, het glas met Ferdinand.

gangmaker. 'Bij ons is dat Joop de Vries, huismeester en kantinebaas. Hij weet wat er onder de mensen speelt. Als iemand vindt dat ik de dingen verkeerd aanpak dan is Joop zijn of haar warme pleitbezorger. Hij heeft geen enkele angst of terughoudendheid en vertelt mij duidelijk waarom ik een foute beslissing heb genomen. Hij roept rustig vanuit het buffet in de kantine: "Mijnheer Fransen, nu moet u eens goed naar mij luisteren." Dan volgen er directe en rake opmerkingen over zaken die anders moeten. Je vertelt elkaar recht voor zijn raap wat je vindt en daarmee is de kous af. Jaap is een topspeler in mijn bedrijf.'

'Een goede reisleider of reisleidster is goud waard. Vooral als er iets misgaat. Hoe lost hij of zij dat op? En er gaat natuurlijk altijd wel eens een keer iets mis. Het is zo belangrijk dat je de mensen serieus neemt en hun brieven goed beantwoordt. Ik heb er ook collega's op gewezen dat ze brieven schreven die niet goed waren voor hun zaak.'

De eigen hotels waren een fantastisch idee. Barbacan bleek een gouden greep. 'Het is al jaren een topproject en we investeren er ieder jaar weer in.' Hij bracht honderdduizenden Nederlanders naar de Canarische Eilanden. Hij had ook een speciale strategie om aan zo goedkoop mogelijke vliegtuigstoelen te komen. Hij had er belang bij dat naast de chartermaatschappijen die relaties onderhielden met de KLM (Transavia en Martinair) en daardoor prijsafspraken konden maken, er nog een derde volstrekt onafhankelijke charter vanuit ons land opereerde. Dat was Air Holland, totdat de directeur/oprichter John Block een geweldige blunder beging.

John Block liet twee vliegtuigen, Boeings 757, dopen door prins Bernhard en soldaat van Oranje Erik Hazelhoff Roelfzema. Merkwaardig genoeg had hij zijn gasten verdeeld in categorie eerste klas (vijftig man) en tweederangs (tweehonderd man). Die tweederangs werden ontvangen in het oude gebouw op Schiphol-Oost en werden vandaar vervoerd naar een tribune op het platform, waar zij vanaf een afstand alles konden zien.

De vijftig eregasten gingen naar een partytent van Maison van den Boer, waar een uitstekende aspergelunch werd verzorgd. De anderen kregen een glas champagne en een kadetje in het oude Schipholgebouw. Het moet in een vlaag van verstandsverbijstering gebeurd zijn dat John zijn grootste klanten bij de tweede klasse had ingedeeld. Ze kwamen niet eens in de buurt van Prins Bernhard. Lotgenoten van Ferdinand die alles van een afstand mochten bekijken, waren onder anderen Henny Huisman, Karel Prior, Jan des Bouvrie, Edgar Vos, en de directeuren van buitenlandse luchtvaartmaatschappijen. 'John heeft mij nog speciaal gebeld om te komen, maar ik kon hem niet eens een hand geven om hem te feliciteren,' zei Kamal Dafesh van Royal Jordanian Airlines.

De volgende dag ging Ferdinand Fransen, president van Arke-reizen en Johns grootste klant, naar Martinair en Transavia en bracht het grootste gedeelte van zijn klanten daar onder. Op een voorwaarde: de komende vijf jaar zouden er geen stoelen verkocht worden aan concurrenten van Arke onder de prijs die Ferdinand moest betalen... Dit gebeurde op 11 mei 1989. Hij heeft altijd een allerhartelijkste relatie onderhouden met Martin Schröder. Met smaak vertelt hij het verhaal hoe Martin eens landde op het vliegveld Twente om hem persoonlijk te bedanken voor een jaar van perfecte samenwerking. Door Arke waren veel meer passagiers aangeleverd dan eerder afgesproken. Martin laat het niet bij woorden, maar heeft in een enveloppe ook nog een cheque van 250.000 gulden bij zich. 'Een bijzonder gebaar van een bijzonder man,' zegt Ferdinand. Hoe was het met het salaris van Ferdinand? 'Dat bepaalde eigenlijk de accountant. Die keek wat er vanaf kon voor mij. Als je een bedrijf aan het opbouwen bent, laat je natuurlijk zoveel mogelijk geld in de firma zitten. Later als je het verkoopt, dan is het anders. Dan kun je het altijd bekijken. Ik heb dan ook een bloedhekel aan die zogenaamde ondernemers die scheppen geld uit een bedrijf halen, dat niet eens van hun is. Dat zijn geen echte ondernemers, maar managers.'

Ferdinand Fransen wilde altijd delen. Vooral in Twente. Hij is dol op mensen. Daarom komt er ter gelegenheid van zijn tachtigste verjaardag ook een boek uit dat gaat heten *Tachtig jaar ontmoetingen, een kostbaar bezit* (AFdH uitg.). Het waren Bert de Haan en Bea te Veldhuis die hij zijn levensverhaal toevertrouwde en waaruit ik heb mogen putten. Hij verhaalt hier over de talrijke mensen die hij heeft ontmoet en wat die voor hem betekend hebben. En dat gaat over de grote dichter Willem Wilmink, over de luchtvaartpionier Martin Schröder, maar ook over journalisten als Arnold Burlage of bankiers als Herman Wijffels, oud-burgemeester Ko Wieringa en oud-commissaris van de Koningin Jan Hendrikx.

'Mijn succes hangt toch nauw samen met al die mensen hier. Dat mag je nooit vergeten. Ik heb het heus niet alleen gedaan.' Ferdinand speelde een hoofdrol bij het tot stand komen van het Arkestadion en het muziekcentrum in Enschede, hij richtte met Jaap van Zweden een instrumentenfonds op voor talentvolle musici. In januari 1998 overhandigde het tweetal onder meer twee violen en een altviool uit de negentiende en de achttiende eeuw aan drie violisten van het Orkest van het Oosten. Het orkest dat door dirigent Jaap van Zweden tot grote hoogte is gebracht. De heren zijn nu vrienden. Ferdinand reist naar Amerika om Jaap daar aan het werk te zien!

Er is verder het Ferdinand Fransenfonds. De stichting beoogt cultuur, sport en wetenschap in de regio Twente te stimuleren door het doen van giften. Hij is nooit te beroerd voor het goede doel bij mensen aan te kloppen 'die nog meer geld hebben dan ik'. Hij is ereburger van Enschede geworden. En dat werden tot nu toe uitsluitend verdienstelijke oud-burgemeesters. Hij is de enige niet-burgemeester met deze onderscheiding.

In 1994 droeg Ferdinand zijn aandelenpakket over aan de Duitse reisgigant TUI. Hij had Arke groot gemaakt met 1500 man in dienst, 1000 hier en 500 in het buitenland. Men behaalde een omzet van bijna 1 miljard! Die overname liep in het begin niet te best. Ferdinand zei tegen de Duitsers dat ze hun mensen naar Enschede moesten sturen, maar ze verwaarloosden het merk Arke een beetje en legden het accent op TUI. Later kwamen ze er achter dat Arke een ijzersterk merk was en kwamen ze hier op terug. Arke werd weer gepositioneerd. Dochter Barbara, die ook in de directie zat, was inmiddels vertrokken en voert de directie over een aantal familiebelangen in de Agfra Holding. Ze is verantwoordelijk voor projectontwikkelingen, investeringen en de exploitatie van Barbacan, Mélia Sancti Petri en landgoed De Wilmersberg. En ze is ook nog eens voorzitter van de raad van commissarissen van Menzis.

Ferdinand is gescheiden van zijn eerste vrouw Nardy – hun wegen liepen te ver uit elkaar – en is nu al veertien jaar gelukkig met de Deense Kirsten.

Het Arke van Ferdinand heeft zelf nooit vliegtuigen bezeten, want dat vond hij een riskante business met hele kleine marges. Het huidige Arke (van TUI) heeft wel een chartermaatschappij onder de naam Arke Fly. Het is een initiatief van Steven van der Heijden, de voorzitter van de raad van bestuur van TUI-Nederland, de moeder van Arke. Toen er een nieuwe Boeing werd aangeschaft, vond Steven dat het vliegtuig genoemd moest worden naar de man die het merk Arke had grootgemaakt. Het vliegveld Twente werd voor deze gelegenheid speciaal geopend. Overigens vecht Ferdinand ervoor dat het vliegveld open blijft. Met ruim honderd genodigden werd van Schiphol naar Twente gevlogen in het nieuwe toestel. Leo van Wijk, de vroegere president van de KLM, nu tweede man bij KLM – Air France, was aan boord en Martin Schröder (Martinair) en Peter Legro (Transavia). En ook oud-KLM president drs. Sergio Orlandini, waar Ferdinand nog steeds een goede band mee heeft. Het was een heel mooi cadeau voor zijn tachtigste verjaardag. En een bijzondere locatie. 'Omdat ik als eerste met Arke vanaf vliegveld Twente charters liet vertrekken. En het doet mij deugd dat de regering vliegveld Twente de kans geeft de komende drie jaar te bewijzen dat het goed exploitabel is. Hier vandaan vlogen mijn eerste charters.'

Ferdinand blijft actief. 'Ik wil nog heel veel dingen doen, maar ik weet dat het doek iedere dag voor mij kan vallen. Ik zou dat graag nog twintig jaar willen uitstellen. Ik heb een ijzersterk lichaam, maar heb dat wel uitputtend gebruikt. Ik voel mij echt beter dan toen ik zestig was.'

Jaap de Groot

Van lasser tot bouwer van bruggen en olieplatforms

Hij zegt niet veel. Je moet de woorden en zinnen uit hem trekken. 'Je moet wel wat zeggen Jaap, anders heb ik geen tekst.' 'Wat dan? Moet ik soms gaan zeggen hoe goed ik ben?'

Jaap de Groot (85) is een imposante blonde reus, die veel zwijgt. Hij is op 5 januari 1923 geboren in Alblasserdam en woonde met zijn ouders, jongere broer en zus aan de Kinderdijk. Hij volgde de lagere school in het strenggelovige Alblasserdam met automatisch daaraan geplakt de ulo, dat staat voor Uitgebreid Lager Onderwijs. Jaap genoot van een gelukkige dorpsjeugd. Schaatsen en priksleeën op de Waal achter de Kinderdijk, de beroemde molentocht en niet te vergeten zijn lidmaatschap van de padvinderij, waar hij het nog tot PL, patrouilleleider, bracht. Dat betekende twee witte strepen op zijn shirt. Op dat shirt stonden ook de vijf insignes die hij had gehaald, onder andere het insigne voor rijwielherstellen. 'Hartstikke handig als je wist hoe je een fiets uit elkaar kunt halen en in elkaar zetten.' Zijn voornaamste taak als PL was – hij vertelt het lachend – 'die rotjongens uit bed te halen als we bij elkaar moesten komen.' Ze kwamen bij elkaar in een schoollokaal aan de Kinderdijk en het bijzondere was dat de padvinderij niet eens een christelijke organisatie

Jaap de Groot gaat op de motorfiets naar zijn werk.

was. En dat in Alblasserdam! 'Wij waren niet zo fel thuis.'

Na de ulo ging hij naar de Technische School in Dordrecht, gewoon ambachtsschool heette dat toen nog. 'Daar voelde ik mij nog het meest op mijn gemak. Doodzonde dat zo'n school niet meer bestaat. De kinderen werden opgeleid voor een vak, een ambacht, ze konden overal terecht. Die categorie is helemaal verdwenen.'

Er was in die tijd een groot verschil tussen een kantoorbaan en het werken in overall. Van het laatste werd je smerig. Ook al verdiende een 'kantoorpik' minder dan een vakman, dan nog stond hij hoger in aanzien. De vader van Jaap de Groot was technisch procuratiehouder bij Kloos en regelde een kantoorbaantje voor zijn zoon. 'Dat vond ik verschrikkelijk. Ik wilde naar buiten. Ook mijn chef zag al gauw dat ik geen kantoormannetje was.'

Toen kreeg Jaap een zeer vertrouwelijke opdracht. Tot 1939 was Nederland nog steeds neutraal en Adolf Hitler een bevriend staatshoofd over wie je niets lelijks mocht zeggen. De nazi's vielen Polen aan en toen zag de Nederlandse regering in dat het best wel eens mogelijk zou kunnen zijn dat ons land ook deel uitmaakte van hun veroveringsplannen. Onder strenge geheimhouding werd Kloos belast met het plaatsen van kastjes op de bruggen over de rivieren waar explosieven in pasten, die als het zover was de brug konden doen springen. De kastjes moesten op tactische plaatsen bevestigd worden en soms moest er wel een kleine verbouwing plaatsvinden door een dwarsbalk of iets anders te verwijderen.Veel bruggen gingen er op deze manier aan toen de Duitsers binnen trokken. Jaap raakte zeer vertrouwd met de constructie van een brug.

De bezetters waren niet kwaad over de vernielingen. Ze beschouwden het opblazen als een volkomen logische strategische daad van een land dat wordt aangevallen. Ze wilden de belangrijkste bruggen wel herstellen en zochten hiervoor contact met hetzelfde bedrijf dat het opblazen zo deskundig verzorgd had. Kloos werd betrokken bij het herstel. 'De oude heer Kloos was fel anti-Duits. Hem is nooit wat kwalijk genomen.'

Gedurende de oorlog werkte Jaap niet alleen aan het herstel van de bruggen. Maar ook aan de ontmanteling van een hoogoven in IJmuiden, die in zijn geheel verplaatst moest worden naar Hannover. Laat er nou een zware hijsmast dwars doorheen vallen en alle spanten vernielen... De jonge De Groot had nog meer in zijn mars.

'Ik kon tekenen en haalde op de zolder bij Frank Rijsdijk, de grote sloper in Alblasserdam, oude landkaarten weg. Daarop bracht ik de krijgsverrichtingen aan. Niet toen de Duitsers aan het winnen waren. Toen was niemand erin geïnteresseerd. Maar toen ze gingen verliezen, wilde iedereen dat weten. Aan het Oostfront verloren ze bij plaatsen, waar wij het bestaan niet van wisten. Met ingewikkelde namen, waar wij nog nooit van gehoord hadden. Aanvankelijk maakte ik de tekeningen alleen voor mijn moeder, die graag wilde weten hoever de bevrijders gekomen waren. Maar al gauw groeide de belangstelling. De informatie kwam onder andere van het illegaal beluisteren van buitenlandse radiostations. Er werden – net als bij een werktekening – lichtafdrukken van gemaakt. Honderden landkaarten hebben wij gemaakt.' Om onder het werken in Duitsland uit te komen, liet Jaap Groot zich onnodig opereren aan zijn blinde darm, waar zogenaamd ook nog wat buikvliescomplicaties bij kwamen kijken.

Tot 1947 werkte De Groot voor Kloos aan herstelwerkzaamheden. Maar het bleef kriebelen. Jaap wilde voor zichzelf beginnen. Eigenlijk meteen al, maar daarvoor ontbrak het geld. Nu was er een bescheiden spaarbedrag en ook vader hielp. 'Kloos vond het niet leuk dat ik weg ging. Maar ik zei dat ik het zelf wel kon.'

Maar dan natuurlijk niet in Alblasserdam, waar de families Kloos en Smit heer en meester waren en een mogelijke concurrent kansloos. Hij werkte in 1947 nog voor Kloos aan het herstel van de brug in Zwijndrecht en huurde er tegen het einde van het jaar een loodsje van 19 meter lang en 7 meter breed. Er was echter een probleem: de loods werd grotendeels gevuld door een chloortank en die moest er eerst uit. Dat was een heel karwei voor eigen rekening. 'Toen we dat geklaard hadden, plaatste ik een enorm bord, “De Groots Staalconstructie”, op het gebouwtje aan de Ringdijk 212A.’ Op 1 januari 1948 werd in Zwijndrecht als vennootschap onder firma De Groots Staalconstructiewerkplaatsen opgericht. Een hele naam, want er was niet eens gereedschap. ‘Ik had een klein zeilbootje en verkocht dat. Van de centen kocht ik een tweedehands lasapparaat,’ aldus de Groot. Hij werkte met een medewerker: Gerrit Goudriaan die hij uit Alblasserdam had meegenomen. ‘Wij werkten van 7 tot 7 uur. Op vrijdag werkten wij ’s nachts door tot zaterdagmiddag 4 uur. Daarna slapen om zondag op tijd in de kerk te zijn. We zijn zeer protestants in Alblasserdam. Wanneer zou ik dan ook met mijn bootje kunnen varen? Niet op de rest van die zondag, want dat mocht niet. Het was al een heel gedoe als ik op de fiets ter kerke ging. Men liep naar de kerk en deed geen stap opzij. Dus daar moest ik mij dan voorzichtig doorheen manoeuvreren.’

Het viel hem wel op dat hij vaak de kerkbank voor zichzelf alleen had. Niemand schoof aan. Later vertelde men waarom. Hij stonk te erg naar dieselolie, waarmee je motoren reviseerde, en naar menie en verf. ‘Toen de eerste centjes binnenkwamen, waren wij natuurlijk dolblij.’ Zijn streven was om goed, op tijd en tegen een scherpe prijs te leveren. ‘Het was kort na de oorlog, met nog een schaarste aan materiaal en importvergunningen als je iets uit het buitenland wilde halen. Alleen met gemeentelijke vergunningen mochten wij spullen in Engeland en Amerika kopen en die kreeg je uitsluitend als je goed en serieus werk leverde.’ Op de eerste orderlijst staat kleingoed als vuurkisten, brandplaten, kraanreparaties met als opdrachtgevers de PTT, Stork en Rijkswaterstaat. En de opdrachtgevers bovenaan de lijst komen onderaan de lijst terug met grotere bestellingen. Blijkbaar waren ze tevreden.

Het probleem bij de eerste vestigingsplaats aan de Ringdijk was dat daar niets over water aangevoerd kon worden. Als er grote opdrachten kwamen, moest ’s nachts de weg worden afgezet om de grote metalen stukken te kunnen vervoeren.

En ze pakten alles aan tot en met scheepsreparaties toe. 'We moesten van alles maken en heel vaak was het de eerste keer. We deden gewoon alles. Natuurlijk zat er wel eens een te lage calculatie bij. Waar wij geld, dat wij niet hadden, op toe moesten leggen. Vaak ging ik dan praten en kwam het wel weer goed. Zij wilden altijd iets aparts en wij zeiden nooit "dat doen wij niet". En als je dan zei: "We hebben iets speciaals voor u gemaakt. U bent de eerste die dat heeft, maar het leverde wel meerwerk op," waren ze wel bereid bij te spijkeren.'

'We kwamen bij Rijkswaterstaat en dan vroegen ze ons: "Hoe zouden jullie dat oplossen? Zelf hebben we al een oplossing, maar het interesseert ons hoe jullie erover denken." En wij kwamen met een heel andere oplossing. Rijkswaterstaat: "Ja, zo kan het natuurlijk ook. Daar hebben wij niet aan gedacht." Maar onze oplossing was nog goedkoper ook en werd toegepast.'

'Natuurlijk vroeg ik mij als het tegenzat ook wel eens af: waar ben je in godsnaam aan begonnen? Ach, je hebt slechte en goede dagen. Maar goed dat wij ermee door zijn gegaan.' 'Mijn vader ging twee jaar voor zijn pensionering weg bij Kloos. Het ging niet langer. Bij Kloos zeiden ze tegen hem: "Je zoon haalt werk bij ons weg." Dus haalde ik hem bij mij in de zaak.' Vader Pieter de Groot zorgde voor de administratieve begeleiding. 'Administratief werk vind ik heel leuk als iemand anders het doet. Vader nam ook veel relaties mee, die hij kende uit de havens. Toen hij kwam had ik vijftien man in dienst. Later kwam ook mijn jongste broer Anton in de zaak. Het werd een echt familiebedrijf.'

In 1955 al kocht De Groot tegen een buitengewoon schappelijke prijs en soepele voorwaarden een stuk grond van de gemeente van een kleine 3 ha aan de Develhaven en verhuisde naar de Noordweg in Zwijndrecht. 'De gemeente Zwijndrecht wilde industrie en dus werkgelegenheid aantrekken en dat moet ik ze nageven, werkte altijd mee en was zeer positief.'

'We bouwden de eerste loods, die was op 6 april 1956 klaar, en we kregen de eerste opdrachten voor spoorbruggen. Al snel volgden een tweede en een derde loods. Ze werden steeds hoger omdat de stukken die wij bouwden ook steeds groter werden. Ze konden mij niet hoog genoeg zijn, want ik vond het machtig mooi om zulk groot werk te maken.' Men bouwde zo de brug Ewijk, de Van Brienenoordbrug en de Moerdijkbrug. Grootint (Grootinternational), het bedrijf van Jaap, groeide en groeide in Nederland.

'Op een gegeven moment zijn we meer offshore-werk gaan doen. Dat betaalde beter. Heerema was een van onze opdrachtgevers.' Dat was in 1964. De Groot kreeg toen een opdracht van een jong bedrijf uit Scheveningen dat eigendom was van Pieter Heerema. Heerema was een specialist op het gebied van oliewinning op open zee. Hij had zelfs bepaalde patenten en octrooien op dit gebied omdat je bij het oppompen rekening moest houden met hoge golven en soms grote verschillen tussen eb en vloed.

Grootint werd langzaam maar zeker een wereldwijd bedrijf met meer dan drieduizend werknemers over de gehele wereld. De Groot: 'Wij hebben nooit nee gezegd en alle uitdagingen die op ons pad kwamen, met beide handen beetgepakt. Ons credo was: "We doen het goed of we doen het niet." We hadden immers een naam hoog te houden. We deden zelf alleen datgene waar we goed in waren en de overige zaken besteedden we uit. Bovendien was ons "ja", een "ja" en ons "nee", een "nee". Die duidelijkheid stelden onze klanten op prijs.' Grootint groeide uit tot een internationale, toonaangevende speler op de offshore-markt. Ze maakten de ene gecompliceerde constructie na de andere en de levertijden werden steeds strakker. Ook de afbouwwerkzaamheden op open zee werden grootschalig aangepakt. Vanuit nieuwe vestigingen in Nederland, Engeland en Schotland, maar ook vanuit Noorwegen en België werden uiterst complexe operaties uitgevoerd, die miljoenen manuren eisten.

Na de oliecrisis in 1970 breidde de sector zich fors uit en namen de offshoreactiviteiten op de Noordzee fors toe. Ook de meer kostbare exploitaties werden nu lonend. 'Dat betekende ook dat de olieplatforms eindelijk wat comfort kregen, want de bewoners leefden onder primitieve omstandigheden. Toen Noorwegen olie ging winnen op zee, werd er meteen aanzienlijk socialer gebouwd.'

Maar naast de olieplatforms had De Groot ook een goede naam in de bruggenbouw. Vooral de Spoorwegen waren een grote opdrachtgever. Na de spoorvloeren voor Defensie en een groot aantal spoorviaducten kreeg men al in 1960 de opdracht voor de bouw van de eerste echte spoorbrug over de Poldervaart bij Kethel. De opdracht werd tot volle tevredenheid uitgevoerd en hierna kwamen er grote karweien los van Rijkswaterstaat en de NS. Grootint maakte naam met de assemblage van de Moerdijkbruggen, met bruggen in Soedan, Somalië en in Mozambique. Voorts bouwde men de tweede Brienenoordbrug en speelde men voor het constructiedeel een belangrijke rol bij de uitvoering van het Deltaplan.

Alleen met Duitsland deed Jaap nooit zaken, terwijl daar grote mogelijkheden lagen. 'Zij hebben mijn fiets gestolen,' zei Jaap. Maar hij was bijna idolaat van Amerika en alles wat Amerikaans was. Daar kocht hij ook zijn zware hijskraan. Niet op rupsbanden maar met twintig kolossale luchtbanden, zodat de kraan over het gehele bedrijf kon opereren. Zo zat hij een keer vanuit de directiekamer tevreden naar zijn reuzenkraan te kijken, toen de machinist uit zijn huisje klom. Jaap besloot eens een kijkje te nemen. Hij klom in de kraan en keek tevreden naar het paneel en alle hendels, lampjes en knopjes. Toen schreeuwde er iemand van de begane grond. Het was een chauffeur, die op een zware lading wees die op zijn vrachtauto gehesen diende te worden. Onmiddellijk kwam Jaap in actie. Hij hees de last omhoog, bracht hem boven de vrachtauto en liet hem langzaam zakken. Toen liet hij de last los en dat was fout, want hij zat nog 20 cm boven de laadbak. Met een enorme plof kwam de vracht op de auto terecht, die bijna doormidden brak. Dat gebeurde niet, maar de auto stond te trillen. De chauffeur begon te schelden. De meest verschrikkelijke vloeken werden Jaap naar het hoofd geslingerd, vooral ook omdat de vrachtauto net nieuw was. Jaap klom

Prins Bernhard kwam meerdere malen op bezoek bij Grootint,
waar de grootste olieplatforms van de wereld werden gebouwd.
Hier schudt hij de hand van Jaap de Groot.

uit de cabine, bood zijn excuses aan en ging op zijn kantoor onmiddellijk de directeur van het expeditiebedrijf bellen. 'Als je ooit van chauffeur x af wil, stuur hem dan mijn richting op. Die man heeft hart voor de zaak...'

Op een gegeven moment was het zo, dat mensen met een uitkering vrijwel evenveel beurden als de mensen die bij hem werkten. En als ze er nog een beetje zwart bij schnabbelden, meer! 'Ik moet eigenlijk een harmonie opstellen bij de poort uit dank voor het feit dat ze bij mij komen werken.' Hij besprak met zijn commissarissen het volgende: 'Uiteraard calculeren wij een winst in onze prijzen. Maar soms verdienen wij meer. In topjaren hebben wij dan overwinst. Daarvan wil ik de helft uitkeren aan het personeel dat *gewerkt* heeft.' De vakbonden waren erop tegen en het is niet gebeurd.

Jaap de Groot is groots over het feit dat hij in al die jaren nog nooit een rechtszaak tegen zich heeft gehad en ook nooit problemen met de fiscus. 'Ik heb altijd mijn belasting betaald.'

'Als een klant in Amerika klachten had over een opdracht, stapte ik meteen in het vliegtuig en vroeg hem op de man af wat er aan de hand was. We kwamen er altijd uit.'

Hij vloog zaterdag weg en was maandag of dinsdag al weer op het werk. Hij begon ook steeds meer op een Amerikaan te lijken. Een leraar uit Dordrecht werd aangetrokken om in de kantine gratis Engelse les te geven aan de medewerkers. Dat hadden ze nodig voor het offshore-werk. Jaap de Groot droeg zo nu en dan een mooi pak om mensen als prins Bernhard te ontvangen of een buitenlandse opdrachtgever. Hij was een groot bewonderaar van de prins, die grote belangstelling had voor deze selfmade ondernemer en een paar keer op bezoek kwam. Buiten de officiële momenten droeg Jaap een spijkerbroek en Amerikaanse hemden. Een lange blonde man met zo'n houthakkershemd. Hij leek soms sprekend op de Marlboroman van de sigarettenreclame.

Hij raakte ook steeds gekker op Amerika. Hij ging van het land houden. Hij droeg niet alleen Amerikaanse kleding maar reed ook uitsluitend in grote Amerikaanse auto's. Hij had nooit Engels op school gehad, maar maakte zich het Amerikaans snel meester.

Dat zou grote consequenties krijgen. Hij kreeg belangstelling voor het oude oorlogsmaterieel waarmee Nederland bevrijd werd.

Midden in zijn huiskamer staat een enorme Harley Davidson met geweer. Het is een getrouwe kopie, helemaal van hout gemaakt. Een kunstwerk. In de oorlog zijn er een paar honderdduizend Harley's Military gemaakt voor het leger. En net zoals de cowboys op hun paard hun geweer in een zadelholster hadden zitten, heeft deze Harley ook een geweer in een houder tegen de benzinetank. De Harley Liberator heette dit type. Er waren zelfs Harley's met machinegeweren.

Inmiddels groeide het bedrijf als kool. De tijden veranderden. 'Het rekenwerk deden wij op een kladje of later op een machientje. Het tekenwerk gebeurde ook uit de losse hand en later op de plank. Vandaag de dag is dat ondenkbaar en is de computer een onmisbaar apparaat in de bedrijfsvorming geworden. Ik zie nog de eerste binnen gesjouwd worden in het bedrijf.'

'We gingen op de motorfiets langs de klant en later toen we voor de Spoorwegen werkten, pakten wij de trein. Veiligheid kwam nauwelijks ter sprake. We maakten altijd iets bijzonders en elk project was anders dan anders. Om onze business te versterken namen wij ook bedrijven over, zoals Penn & Bauduin in Dordrecht en Nellen Kraanbouw in Rotterdam.'

De samenwerking met Heerema verliep uitstekend. De Groot was begonnen met kleine olieplatforms voor Egypte. Maar al snel bouwde hij enorme platforms van meerdere etages, met restaurants, liften, een helikopterdek en een vluchtweg met reddingsboten, die van grote hoogte in zee werden gelanceerd. De specialistische boorapparatuur kwam van Heerema. 'We bouwden op een gegeven moment de grootste ter wereld.' Grootint verwierf een internationale reputatie. Hij werkte ook voor Shell en begint te lachen. 'Dat was een moeilijke klant. Het waren echt Hollanders. Alles kon en moest goedkoper. Ze waren wel goed voor hun geld. Was er eenmaal een overeenkomst, dan werd die uiterst correct uitgevoerd.'

In 1990 – hij was toen 67 – heeft hij 'op een prettige manier' zijn bedrijf verkocht aan Heerema. 'Heerema wilde de grootste worden. Dat was hij bijna. Hij moest ons krijgen om ook de platforms te kunnen leveren. Wij installeerden niet. Dat deden zij. Nu konden zij een totaalproduct verkopen.'

En zo ontving Jaap de Groot miljoenen voor zijn bedrijf, dat in 1948 een jaaromzet had van 94.000 gulden en in 1983 een uitschieter van 981 miljoen. 'Ik heb in 1990 mijn bedrijf overgedaan aan Heerema. Sindsdien zijn wij buren, want ik heb een aantal loodsen aangehouden voor mijn museum. Ik volg het werk nog wel en meestal bezoek ik de open dagen. Verder laat ik het bedrijf met rust. Het zijn andere tijden en ik wil mij niet meer met zaken van anderen bemoeien. Bovendien zijn er in de bijna twintig jaar dat ik weg ben veel nieuwe mensen gekomen die mij niet kennen. Ik heb nooit spijt gehad van mijn stap om voor mijzelf te beginnen. Het was pionieren, maar dat maakte het leuk. Het is prachtig dat het bedrijf zestig jaar later nog springlevend is en volop werk heeft. Dat is een felicitatie waard.'

Hij viel niet in een zwart gat, doch stortte zich met alle energie op zijn verzameling van oorlogsmateriaal. Die verzameling is inmiddels de mooiste van Europa. Het grootste gedeelte is in bruikleen gegeven aan het oorlogsmuseum Overloon. Daar heeft Jaap de Groot nu een conflict mee. Hij vindt dat er niet goed met zijn collectie wordt omgesprongen en wil die terughalen. Dat betekent wel zo'n beetje het einde van het museum dat onder de huidige leiding weinig bezoekers trekt. Hier scheiden zich de wegen tussen een echte ondernemer en de museale wereld. Dat gevecht is voorlopig niet afgelopen en wellicht zal Jaap de Groot zich genoodzaakt zien voor het eerst van zijn leven voor de rechter te verschijnen.

Het verzamelen ging door! Hij kreeg vooral aandacht voor Russisch oorlogsmateriaal. 'Daar was in West-Europa weinig aandacht voor. Ze zijn eigenlijk een beetje vernederd, want ze hebben een geweldige prestatie geleverd in de Tweede Wereldoorlog. Ik kocht hun landingsvoertuigen, die zijn in heel Europa niet te krijgen. Ik kocht spullen in Rusland, Duitsland en Frankrijk. Overal vandaan. Het wordt hier uit elkaar gehaald, volledig opgeknapt en in elkaar gezet. Alles moet weer kunnen functioneren.' De loodsen naast zijn oude bedrijf worden omgebouwd tot museum. 'Dan kan iedereen komen kijken naar al het moois.' Zijn grote collectie wordt nooit uitgeleend voor filmopnamen. 'Daar begin ik niet aan. Je krijgt het toch nooit onbeschadigd terug.'

Zijn weerzin tegen onrechtvaardigheid en zijn rechtschapenheid zijn groot. Zo heeft hij van het mooie verkoopbedrag van zijn bedrijf de helft aan de weduwe van zijn broer geschonken. Zijn broer had ook de helft van de aandelen, maar Jaap maakte het bedrijf groot en had daardoor eigenlijk recht op een aanzienlijk bedrag. Zijn broer heeft een ongeluk gehad en is daarna nog zwaar gehandicapt een aantal jaren in het bedrijf teruggeweest.

Jaap de Groot trouwde op 24 december 1947 met Maartje Alting, een bakkersdochter uit Hendrik Ido Ambacht. Een vriendin van haar, Emmy de Koning, bracht het paar bij elkaar en bleef tot haar overlijden de beste vriendin. Maartje was een jaar jonger en schonk hem twee flinke dochters. 'Ze was mijn steun en toeverlaat. Zij werkte niet in de zaak, maar stond overal achter. Zij stelde mij in staat mijn werk te doen. Ze was bijna 83 toen ze overleed.'

'Ja, we praten er nu wel zo luchtig over. Maar het waren andere tijden toen ik begon. Er waren geen uitkeringen of huursubsidies. Het was een enorme inspanning. Maar je moet nooit bang zijn. Ik heb altijd geld van de gemeente geweigerd. We doen het zelf. Dan sta je sterk. Het gaat niet vanzelf. En als ik vroeger in de kerk zat, gingen mijn gedachtes meestal een heel andere kant uit dan die van de dominee. Toen ik pas getrouwd was, ging ik zondagochtend niet meer naar de kerk. Wij werkten dag en nacht. Ook op zaterdag. Ik had zondagochtend wel wat anders te doen...'

Hun eerste woning was een kleine woonark die op de wal van de Oostkeethaven was gehesen. Daar werd ook hun eerste kind geboren. Naarmate de zaak groeide, ging men beter wonen. Op een gegeven moment bewoonde het gezin een prachtige villa aan de Duinweg in Scheveningen. 'Maar moeder voelde zich daar doodongelukkig. Ze hield niet van die deftigheid en op een gegeven moment gingen wij terug naar Zwijndrecht,' zegt dochter Jeanette. Jaap de Groot hield ook niet zo van die flauwekul. 'Ik vond het heel erg dat ik op een gegeven moment niet meer kon meewerken met de anderen. Ik houd van dat staal en de kameraadschap. Vroeger zag je ze in Alblasserdam in alle vroegte de dijk aflopen naar hun werk. Maten, die altijd met elkaar optrokken en soms al heel vroeg samen een "hassebassie" hadden genomen. Maar toen ik 25 man in dienst had, ging het niet meer. Ik moest erop uit...'

De Groot vond het jammer. Vooral omdat een hard meewerkende baas zeer motiverend werkt. 'Hoewel de mensen uit deze buurt heel harde werkers zijn.' Op een gegeven moment had iemand hem een Rolls Royce aangepraat. Tot dan toe gebruikte hij alleen Amerikaanse auto's als een Lincoln of Cadillac. De familie was een ritje aan het maken in België en had trek in een zakje patat. Maar om nou met zo'n Rolls voor een patatkraam te stoppen... Hij werd buiten zicht geparkeerd. Het was duidelijk: de Rolls moest weg en heeft niet langer dan een halfjaar voor de familie gereden.

Nog steeds wordt Jaap om half vijf wakker en is hij als eerste om een uur of zes op zijn werk. Dat is dan tegenwoordig het museum. 'Ik wacht op *De Telegraaf*. Als die krant een paar minuten over zes is bezorgd, ga ik weg. Hij wordt tegenwoordig door een zwarte bezorger gebracht die van mij met Kerstmis en Nieuwjaar een behoorlijke fooi krijgt.' Maar je moet voor dit alles wel over een ijzersterke constitutie beschikken. 'Die krijg je vanzelf. Van hard werken word je sterk en je wordt hard.'

Jan van der Horst

Van loopjongen tot eigenaar van HANOS

Zijn visitekaartje is hetzelfde als dat van zijn 1.800 personeelsleden. Alleen staat er onder zijn naam geen functie vermeld. Niet algemeen directeur of hoofd pr en Publiciteit. Je moet vragen: 'Wat doet u daar?' En dan maar hopen dat je een antwoord krijgt.

Zijn eenvoudige directiekamer ademt werkzaamheid. Op de bank in de zithoek liggen kris-kras werktekeningen door elkaar voor alweer een nieuwe vestiging of uitbreiding. Op zijn bureau staan veel foto's van Ria, zijn aantrekkelijke echtgenote en aan de muur een bordje met de tekst: 'Recept klantenbinding à la HANOS.' Dat bestaat uit de volgende regels:

1 Vriendelijkheid
2 Inzet
3 Behulpzaamheid
4 Productkennis
5 Goede mentaliteit
6 Sfeer

Er hangen wat oude foto's van Jan. Hij staat veertien jaar oud met zijn vriendje voor het winkeltje van zijn ouders klaar voor een fiets-

Jan voor het kruidenierswinkeltje van zijn ouders,
waar hij vaak moest helpen.

vakantie naar Valkenburg met volgepropte tassen. En er hangt een foto van de eerste Van der Horst campingshop in een onooglijk schuurtje en in de hoek van de kamer staat een prachtig houten miniatuur van een 'koek-en-zopietent'.

Jan van der Horst in nu eigenaar van zo'n vijftien Hanoszaken in Nederland en België, zelfbedieningszaken Horeca, Grootverbruikers en Bedrijven. Nummer dertien in Nederland en de eerste in Brabant is pas geopend, namelijk in Eindhoven. De nieuwe aanwinst heeft twee verdiepingen en meet totaal 25.000 vierkante meter. Dat is net zoveel als 25 zwembaden van Olympische afmetingen. Het assortiment in Eindhoven gaat uit van ongeveer tachtigduizend artikelen, zowel op het gebied van food als non-food. Er zijn afdelingen met wijn en gedistilleerd, kaas en zuivel, wild en gevogelte, verse vis, groente, brood en patisserie. Er werken honderd mensen in Eindhoven, maar Hanos verwacht dit aantal binnen vijf jaar te verdubbelen. Er zijn twee verdiepingen verbonden met een brede roltrap en het meest opzienbarend is wel de schitterende rooksalon met leren fauteuils en een open haard naast de bistro. Zo levert het rookverbod toch nog iets moois op. Voorts zijn er Hanoszaken in Antwerpen en Hasselt en het eind is nog lang niet in zicht.

Jan van der Horst is op 19 januari 1943 in Apeldoorn geboren. Hij heeft een zes jaar oudere zus. Zijn ouders hadden een piepklein kruidenierszaakje tegenover wat toen het 'jodenbos' werd genoemd. Dat bos hoorde bij Groot Schuylenburgh, een joods psychiatrisch ziekenhuis dat door de nazi's is leeggehaald en waarvan de patiënten en de verpleging vermoord werden.

'De verpleegsters kwamen bij ons hun boodschappen doen. Na de oorlog haalde de gemeente het in zijn hoofd om achter onze keurige wijk, een wijk speciaal voor sociaal zwakkeren te bouwen. Daar kwam ook een jeugdhonk. Daar ging ik na school ook wel eens naar toe en ik deed onder andere mee aan een toneelstuk. De huizen hadden geen douche en soms alleen een kraan in de keuken. Het was de tijd van de badhuizen.'

'Onze winkel was in de voorkamer van ons huis en was zo'n dertig vierkante meter groot. Wij woonden er achter en er was nog een schuurtje dat diende als opslagplaats voor de margarine en het bier én er was een keldertje onder de winkel.'

'Ik zat op de rijksleerschool. Op deze lagere school zaten veel rijke kinderen. Mijn ouders wilden dat ik naar een goede school ging, maar het was helemaal niet zo'n goede school. Het was openbaar onderwijs en het christelijk onderwijs was veel beter. Ik was wat verlegen, maar ze moesten mij niet pesten. Met mijn klompen bijvoorbeeld. Ik was lang en sterk. Ik was geen ruziemaker maar ik was voor de duivel nog niet bang. Dus dat pesten was snel afgelopen. Gelukkig kreeg ik al snel schoenen. Ik was ook een wat onrustig kind, ging automatisch van de lagere school naar de ulo en daarna aan het werk. Eerst even thuis. Mijn vader was een goedzak. Hij had een omzet van drieduizend gulden per week, daarvan werd er voor zo'n duizend gulden bij de klanten bezorgd. De winst zal zo'n vijfhonderd gulden per week zijn geweest. Daar leefden wij van. Er waren destijds tweehonderd kleine middenstanders in Apeldoorn. Slagerijtjes, galanteriezaken, groentewinkeltjes, kruideniers en zo. De middenstand in het centrum, in de Hoofdstraat, kon het soms goed doen, maar wij zaten helemaal achteraf, aan de buitenkant. Bij ons werd er ook nog veel opgeschreven en niet contant betaald. Vader had altijd zorgen. Hij had immer pijn in de borst. Moeder werkte natuurlijk ook in de zaak. Mijn ouders waren echt lieve mensen. Ze gingen veel te ver. Iemand die zijn rekening niet kon betalen gaf wél een bruiloft van duizend gulden. Ik werd er op uitgestuurd en dwong ze tot afbetaling. Een gulden per week. Liefst twee gulden. En ik ging het iedere keer zelf aan de deur ophalen. Mijn vader, een goede man, heeft tot het einde doorgesjokt. Hij kon ook niet zonder werken. Hij haalde de zeventig niet. Hij ging op het laatst met wissels zijn schulden betalen. Wij hadden een rijk familieleven. Opa en oma woonden ook bij ons in dat kleine huisje. De hele familie kwam er over de vloer. Een tip van Bootz en zo op zondagmiddag. Altijd gezelligheid. En natuurlijk ook de nodige aanvaringen als je op zo weinig vierkante meters leeft.'

'Daar heb ik veel van geleerd. De rijkdom in mijn leven is dat ik met mensen in de breedte leerde omgaan. Met rijken en met armen. En ik kwam erachter dat goede asocialen net zo goed waren als goede kapitalisten. Je hebt goede en slechte mensen in alle categorieën. Met Nederlanders en buitenlanders idem dito. Wat ik ook geleerd heb: stop onmiddellijk met mensen die niet betalen. Toen ik tijdelijk in de zaak van mijn vader kwam werken, zei ik altijd: "Boter bij de vis. Anders krijg je niks..."'

'Ik ging bij mijn oom in Zutphen werken voor 7,50 gulden per week. Hij had een kruidenierszaak. Iedere dag met de bus op en neer. 's Avonds volgde ik cursussen voor het middenstandsdiploma en voor het kruideniersvak. Je moest toen nog apart examen doen voor vers vlees, groenten en fruit. Ik heb daar een jaar gewerkt.'

Hij werd loopjongen bij Albert Heijn in de Hoofdstraat en volgde cursussen in Zaandam. Kijken en leren. 'Ik werkte zes dagen per week. Eerst met de bestelfiets en later zwaar trappend met de bakfiets om bestellingen weg brengen. En na afloop kon je nog de flessen opruimen, het papier scheuren voor het afval, de suikerzakken vullen vanuit de balen. Die balen had je eerst zelf gelost en ook de dozen met 24 blikken conserven nam je op je schouders. Met de bestelfiets was het soms heel zwaar de helling op. En in de winter droeg je sokken over je schoenen om niet uit te glijden als je de overvolle bakfiets de heuvel op moest duwen. Maar ik leerde er veel.'

Hij werkte nog bij de VIVO in Apeldoorn toen hij ongeveer twintig was. 'Ik moest de kelder in om groente te snijden. Ik zei: "Als het moet dan doe ik het. Maar ik wil liever in de winkel helpen, dat wil ik leren." Orde en netheid, efficiënt werken, een slimme logistiek en vooral logisch denken, zodat het een gaaf organisatorisch geheel wordt. De mensen werken vaak zo inefficiënt. Daar heb ik een hekel aan. Dat had ik thuis al. In de winter moest het bier en de margarine uit het schuurtje, want daar bevroor het, naar de kelder. Ik had dan alles al in partijtjes gerangschikt. Dat wat het meeste verkocht, daar kon je het makkelijkste bij. Ik vermoed toch dat zo'n instelling aangeboren is. Dat je dat niet kunt leren.'

Jan van der Horst werd langzaam maar zeker ondernemer. En dat werd niet meteen de HANOS. Hij tastte zijn mogelijkheden af en probeerde zijn talenten uit. Hij begon zijn eerste campingwinkel toen hij 22 was. 'Dat was bij de camping Speulderbos in Garderen en even later bij de Hertshoorn. Eigenlijk had ik er gelijk twee.' Hij trouwde op zijn 23ste met Ria Hoffmans die hij op een dansavond was tegen gekomen. Zij werkte meteen keihard mee.

'Wij waren niet kerks, maar Ria was katholiek. Dat heeft nog tot heel wat discussies met mijn schoonvader geleid. Die was verpleger en we praatten hele avonden lang. Ik mocht met haar trouwen, maar moest beloven dat de kinderen katholiek zouden worden opgevoed.' En zo geschiedde, maar er kwamen geen kinderen. Een groot gemis voor het echtpaar. 'Vooral voor mijn vrouw', zegt Van der Horst na een korte stilte.

Van der Horst filosofeert wat over katholieke en christelijke klanten. 'De katholieken waren betere klanten, want zij kopen altijd alles. Maar de echte christenen kochten in eigen kring en kwamen alleen langs voor de vergeten boodschappen. Tegenwoordig is het wat veranderd en is er meer geïntegreerd.'

'Anderzijds zijn diezelfde christelijken weer hele goede werkers, hoor. Ze pakken flink aan en gaan consequent door. Veel van mijn staffuncties zijn in hun handen. Betrouwbaar.' Hij is ook zeer tevreden over zijn allochtone werknemers. 'De zogenaamde buitenlanders werken vaak beter dan de Nederlanders. We moeten ophouden met dat gezeur over allochtonen. Ik heb de pest aan dat woord allochtoon. Dat moeten wij niet meer gebruiken. Als je naar hier geëmigreerd bent, dan ben je Nederlander. Punt uit! Die geemigreerde Nederlanders zijn vaak heel goed. Soms beter dan de Nederlanders die hier zijn geboren.'

Sinds hij zaken is gaan openen in Amsterdam en België, zijn hem de ogen geopend. 'In Nederland filosoferen wij alles kapot op dit punt. In Amsterdam leerde je al hoe positief inzetbaar allochtonen zijn. En dit is de laatste maal dat ik dat rotwoord gebruik.'

Het aantal campingshops breidde zich snel uit naar de Veluwe. J.H.Campingshops heetten ze toen. Ook de buurt kwam er kopen. Er waren er op een gegeven moment vijftien. 'Ik kreeg ook kantines op campings en ook hier en daar de snackbar erbij. Op een gegeven moment exploiteerde ik een eigen camping in Voorthuizen, eerst gehuurd, later gekocht. Toen kwam daar een supermarkt bij. Die noemde ik een "cash and carry". Toen ontwikkelde ik een aantal supermarkten. Ik had drie drogisterijen. In 1975 had ik de eerste HANOS en de eerste verswinkel. Dat was helemaal nieuw in die tijd. Als een zaak eenmaal was geopend, was ik erbij en daarna verdween ik naar de achtergrond. Ik ben geen verkoper. Ik kan heel goed inkopen. Ik organiseer het verder, zet er mensen op en blijf het in de gaten houden. Ik heb altijd goed kunnen delegeren. Bij die kampwinkels lag ik ook wel eens tussen de middag in het zwembad hoor...'

Echtgenote Ria hielp hem enorm. 'Eigenlijk was ze niet geïnteresseerd, maar door mij is ze er ingerold.' En ze ontpopte zichzelf als een grote zakenvrouw. 'Maar eigenlijk had ze het liever toch niet gedaan. Ze hield er niet van. Ze vond boekhouding leuker en dat organiseerde ze ook perfect. Wij hadden duidelijk een taakafbakening. Zij was een leider en ik was ook een leider. We hadden wel eens verschil van mening. Nog wel. Niet nogal, maar nog wel. En ik kreeg echt niet altijd gelijk van haar. Het is een hele lieve vrouw voor een ander, maar niet altijd voor mij. Ha, ha. Ik ben heel blij dat ik zo'n karaktervolle vrouw heb. Zij kan zo de zaak runnen. Vrouwen zijn over het algemeen slimmer dan wij. Ze trekken hun eigen plan. Altijd gedaan.'

In 1975 kwam dus de eerste HANOS. Een pure zelfbedieningsgroothandel. Hij hield al zijn andere activiteiten nog aan. Die werden in de loop der tijden afgestoten. 'We zitten nu hier in Apeldoorn op 45.000 vierkante meter. Daar horen ook het hoofdkantoor en het centrale magazijn voor alle vestigingen bij. In het begin was het niet zo gemakkelijk. We waren de vijfde zelfbedieningsgroothandel in Apeldoorn. Er zijn er nu nog twee over, een kleine Sligro en wij. Wij kochten Kaveka en dat ligt maar een paar kilometer verderop. Toen heb ik al het consumentenspul hier weggehaald en naar Kaveka gebracht waar de gewone consument ook koopt en zijn we begonnen met de wereldbol en de leus: "Parijs is dichterbij dan u denkt." We gingen verse waar importeren uit de hele wereld. Ik reisde zelfs naar Thailand om te kijken of men daar iets voor ons kon betekenen.'

Toen zijn vader overleed, nam Jan het winkeltje over. 'Alleen maar zodat mijn moeder, die al beginnende Alzheimer had, daar kon blijven wonen. Ik maakte er een zelfbedieningszaakje van en zette er een medewerkster in die nu nog bij mij op personeelszaken zit. Ook kwam er een tante wonen, zodat ze samen naar de kerk konden. Het heeft zo nog tien jaar geduurd. Ik verdiende er uiteraard niks en soms moest er geld bij. Maar dat geeft niets. Mijn vader en moeder waren zulke goede mensen. Het was eenvoudig, maar er was altijd te eten. Wij hebben het nooit echt arm gehad.'

Inmiddels werken er 1.800 man bij Van der Horst en rijden er 150 grote HANOS-vrachtwagens door het land. 'Want – en daar zijn wij ook uniek in – wij bezorgen de bestellingen. Tot voor kort hadden we niet eens een afdeling personeelszaken. Dat was nergens voor nodig. Je moet oppassen met dat soort afdelingen...'

Maak niet de vergissing de HANOS te vergelijken met de MAKRO. 'Dat is geen concurrent van ons. Die zitten gewoon op de consumentenmarkt. De supermarktketens zijn hun concurrent. Er zijn in Nederland vijf miljoen gezinnen en er zijn 3,5 miljoen MAKRO-kaarten. Er zijn 1, 2 miljoen bedrijven ingeschreven bij de Kamer van Koophandel. Wij nemen bedrijven met minimaal vijf werknemers. Bij de MAKRO is zeventig procent non-food. Ze zijn de grootste schoenenverkopers van Nederland. Bij ons is de non-food afdeling professioneel en we verkopen uitsluitend wat een bedrijf nodig zou kunnen hebben.' Van vrijwel alle bedrijven bezit hij het onroerend goed. Voorts zijn er nog deelnames in andere bedrijven, zoals een grote meubelzaak voor de horeca, een onroerend goedpoot, allemaal onder de holding. Maar als je geen kinderen hebt, waar doe je dat dan allemaal voor?

'Dat we geen kinderen hebben, is natuurlijk heel verdrietig, zeker voor mijn vrouw. Het is een heel gemis, maar zo is het nu eenmaal. Je moet niet zeuren. Het is voor een vrouw veel erger dan voor een man. Bij een vrouw hoort nu eenmaal het moederschap. Maar waar ik het allemaal voor doe? Het is gewoon een uit de hand gelopen hobby. Maar het is zo'n leuke hobby. Het is zo prachtig mooi, joh. Het ontwikkelen van bedrijven, dat doe ik. Je creëert wat. Er hoeft niet veel geld in te zitten, maar wel progressie. Ik heb ook nooit in de discountsfeer gezeten. Altijd op het niveau van delicatessen. Maar ik hoef niet de finesses van ieder product te weten. Ik ben de strategische man. En mijn filosofie is dat we zo dicht mogelijk bij de natuur moeten blijven. Vers is *altijd* het lekkerst. Er is een ontwikkeling, die van vroeger terug komt. Steeds meer mensen gaan gewoon lekker koken. Er zijn kookclubs aan het ontstaan. Men wil niet alleen het standaardvoer van McDonalds. Men experimenteert van Chinees tot Thais. Vrouwen spelen hierbij een ongelooflijk belangrijke rol. Ik wil ook meer vrouwen in mijn bedrijf hebben. Tegenwoordig werken man en vrouw vaak allebei. Als ze dezelfde capaciteiten hebben, moet je de vrouw nemen.'

Van der Horst heeft een hekel aan persoonlijke publiciteit. Het heeft heel wat moeite gekost hem zijn verhaal te laten vertellen. 'Ik ga liever in alle anonimiteit om met een paar vrienden dan in de schijnwerpers te staan. Daar ben ik niet van. Ik ga liever met een paar mensen kleinschalig eten dan naar luxe banketten. Ik heb ook zo'n bloedhekel aan mensen die zichzelf belangrijk vinden. Als ik zeg dat ik niets van wijn weet, geloven de mensen dat niet. Ik zit in die handel, ik verkoop het, dus moet ik er iets vanaf weten. De mensen geven je een status zonder dat je gedrag daar reden toe geeft.'

Hetzelfde gaat voor hem op voor goede doelen. Hij vindt dat je alleen maar in stilte moet geven. Niet voor de publiciteit of de pr. Maar soms kom je er niet onderuit. Als er een nieuwe zaak wordt geopend krijgt de gemeente een cheque, de plaatselijke sportclub en het goede doel dat de man of vrouw aanwijst die de opening verricht. 'En dan sta ik daar plotseling met drie cheques in de openbaarheid. Ik vind het niets, maar het kan niet anders. Dan word ik om een gift gevraagd voor de bestrijding van prostaatkanker. Wat wil ik ervoor terug? Niets. Ik geef een cheque en daarmee is de kous af.'

'Weet je wat een van de problemen is als het bedrijf zo groot begint te worden? Het personeel wordt arrogant. Ze houden nog wel van het bedrijf, maar ze worden arrogant naar de klant toe. En dat kan natuurlijk niet. Dat moet je in de gaten houden. Het is zo belangrijk in de strategie van een bedrijf. En dat vind je niet terug in alle rapporten en cijfers, waar je nog geen kwartier naar kijkt. Ik zou wel eens een boek willen schrijven met alle "ins and outs" van het bedrijf. Met alle zaken waarop je moet letten.' Dan kunnen ze mooi voor zichzelf beginnen. 'Nou, dat is toch prachtig. Als iemand naar de concurrentie gaat, doet dat pijn. Maar als ze voor zichzelf beginnen en het beter doen dan bij ons, dan ben ik oprecht blij. Daar ben ik trots op.'

'Hoe run je nou zo'n zaak? Nou absoluut vanuit het gevoel, wat je ziet, wat je ruikt, wat je hoort, wat je proeft. Direct vanuit het buikgevoel. Als het gevoel niet goed is, op welk gebied dan ook, moet je er gewoon niet aan beginnen. Het ondernemerschap zit in je genen. Dat is helemaal geen verdienste. Als je dat niet hebt, ben je kansloos. Onderdeel daarvan is het doorzettingsvermogen. Dat eist wel een totale inzet tot op het fanatieke af.'

Van der Horst gelooft niet, zoals enkele collega's in dit boek, in lage lonen met een hoge provisie of winstdeling. 'Je moet je personeel goed betalen. Dat is ook van belang als ze ziek worden en voor hun pensioenberekening. Ze moeten goed kunnen leven. Een ondernemer die asociaal is, is slecht voor zichzelf. Die is gek. En al zou

Jan van der Horst bij de opening van een van zijn vele HANOS-zaken.

je niet sociaal zijn, dan word je wel gedwongen. Je moet altijd positief denken. Het negatieve leidt tot niets. Het positieve denken leidt tot oplossingen.'

'En de managers moeten op de werkvloer komen. Managers zijn geen ondernemers. Een ondernemer is iemand die voor eigen rekening en risico een zaak heeft. Er is niets mooiers dan zelf ondernemer te zijn. Of je nou klein of groot bent. Je hoeft aan niemand verantwoording af te leggen, alleen aan je vrouw dan een beetje. Die vrijheid drijft mij. Als jongen was dat al zo. Als ik iets niet wilde, dan deed ik het niet. En dat is nog zo.'

'Bij de opening van een nieuwe zaak moet je er rekening mee houden dat je de eerste drie á vier jaar verlies lijdt. Je moet je klanten veroveren. Als je een bestaande zaak, die al klandizie heeft, overneemt, moet je goodwill betalen en dan ben je ook zeven jaar bezig om dat terug te verdienen.'

'Ik ben net 65 geworden, maar ik stop niet. Alleen probeer ik iets meer vrije tijd te krijgen. Ik vind het heerlijk om met mensen te werken. Als ik door een zaak loop, voel ik hoe de winkel ervoor staat. Dat is dat buikgevoel. Ik heb geen cijfertjes of analyses nodig. Dat hebben trouwens de meeste ondernemers. Als de zaak groter wordt, kom je minder. Dan moet je andere methodes toepassen. Je moet dan de mensen houden die dat buikgevoel hebben. Ze moeten respect hebben, maar ze moeten niet bang zijn voor de baas. Dat zeggen ze hier ook soms, dat ze bang zijn voor de baas. Maar dat moeten ze niet zijn. Ik heb hier mensen al jaren werken. Het zijn de zwakkeren die zo voelen. De goeden voelen dat niet zo. Er moeten bazen zijn. Baas is geen slecht woord. De massa wil een baas. Mensen willen duidelijkheid.'

Hij is dol op de eetmarkt in de horeca. Dat vindt hij fantastische mensen. 'Dat zijn ontwikkelaars. Van Chinees tot Singalees. Van Marokkaan tot Turk. Van Nederlanders tot Japanners. Allemaal fantastische mensen. Het mooiste gedeelte onder de verzamelnaam horeca vormen de restaurants. Het zijn echte ondernemers, die voor eigen risico en verantwoording een zaak hebben. Als je manager bent dan ben je geen ondernemer, want dan had je wel een eigen onderneming. Want er is niets mooiers om, als je zelfstandig gevoel in je donder hebt, een zelfstandig ondernemer te zijn.'

'En dat maakt het zo mooi. Altijd in ontwikkeling blijven. Nieuwe zaken, nieuwe assortimenten. Personeel met problemen. Dat laatste moet. Als een personeelslid nooit problemen heeft, dan werkt hij niet. En nooit vanuit jezelf denken, maar vanuit de klant.

Ik heb geen marketingafdeling. Dat moet iedereen in zich hebben: weten wat de klant wil. De directies van onze vestigingen hebben eigenlijk een eigen koninkrijkje. Zij mogen zelf veel, maar dienen zich wel te houden aan de richtlijnen van het hoofdkantoor. Een heel enkele keer zeg ik, "zo doen wij het niet". Want dan is het mijn zaak niet meer. Dat is het voordeel van een familiebedrijf.'

Een groot nadeel vindt Van der Horst 'de politiek'. Die verziekt het land. 'Ik vind dat er aan de onderkant, verpleegsters, politie maar ook in mijn bedrijf, te weinig betaald wordt. Dat moet meer zijn. Maar dat kan niet door al die verdomde ambtenarij. Er zijn veel te veel ambtenaren en ze besteden nog alles uit ook. Ze slokken alles op. Dat kost goud geld. Kijk eens naar hun pensioenopbouw. En ze blokkeren de samenleving. Probeer eens vergunningen te krijgen! Daar heb ik dagelijks mee te maken. Ik doe dat nu niet meer zelf. Ik wind mij te veel op. McDonald en IKEA krijgen overal zo'n paal met hun beeldmerk. Ook op plaatsen waar ze niet eens een vestiging hebben. Ik heb de grootste moeite een HANOS-paal, mijn beeldmerk, geplaatst te krijgen. Zelfs op mijn eigen terrein! Nu weer in Eindhoven en ook in Venlo en in Nijmegen. De grote multinationals mogen op de openbare weg hun reclamezuil neerzetten, zelfs als er niet eens een zaak staat. Ik niet op eigen grond! Ik heb in Friesland een boerderijtje gekocht en had een vergunning nodig voor een verbouwing. De ambtenaar wilde niet eens met mij praten. "Wij werken efficiënt," zo zei hij. Hij weigerde mij te ontvangen! De ambtenaren hebben de macht. En allemaal al op hun 57ste met de VUT. Wat dat kost! Wat wij meemaken op vergunningengebied. Terwijl wij voor de werkgelegenheid zorgen. Niemand anders. Tot de fraudes wist ik niet eens dat er corruptie bestond. Ik heb er nooit aan meegedaan. Ik wist het bestaan er niet eens van. Mijn ogen zijn opengegaan.'

Wat de belasting betreft: 'Ik ben een van de weinigen die de huidige belastingen redelijk vindt op twee onderdelen na: de vermogensbelasting en de successierechten. Dat is eigenlijk puur diefstal. Over dat geld is al belasting betaald. Je betaalt voor de tweede maal. Je hoeft dus helemaal niet in België te gaan wonen. Alleen voor de erfrechten. Nu is het zo dat als het vermogen in de zaak zit, je tweederde korting krijgt. Maar niet op het vermogen dat privé is. Als je dan naar de grote multinationals kijkt, die betalen allemaal weinig of geen belasting. Dat loopt via vennootschappen in het buitenland en de winst wordt daar gemaakt waar je weinig of in het geheel geen belasting betaalt. Wij moeten alles tot de laatste cent afrekenen. Wij zelfstandige ondernemers moeten altijd vechten. De grote zaken gaan voor. McDonald's, een vestiging, Albert Heijn, hup een vestiging. En wij moeten knokken. De ambtenarij is niet ondernemingsgezind. Ze helpen de managers van de grote ondernemingen en niet de echte zelfstandige ondernemers.'

'Mijn vrouw en ik willen dit familiebedrijf laten bestaan. Wij willen de cultuur van het bedrijf continueren. Het gaat om mensen vóór mensen.'

Zijn leven is natuurlijk enigszins veranderd. Hoewel hij nog altijd weigert business class te vliegen. 'Nergens voor nodig. Alleen voor de lange afstanden. Dan hoef ik niet meer zo opgevouwen te zitten om er gekreukeld uit te komen.'

Met Ria woonde hij dertig jaar in een leuk huis aan de Jachtlaan in Apeldoorn. Maar acht jaar geleden kocht hij met zijn vrouw een stuk natuur. Er staat een mooi landhuis op. Het heeft al die tijd leeg gestaan. Het was vroeger een onderdeel van het koninklijk bezit. Zijn vrouw Ria wilde er eerst niet in. Ze wilde in haar gezellige buurt blijven wonen. Ze hoefde niet zo nodig naar dat grote huis. Maar nu is het op voorbeeldige wijze en met veel smaak door Ria opgeknapt en ze zijn er ingetrokken. De meeste mensen gaan – als ze ouder worden – kleiner wonen. 'Ja, maar ik ga nooit van mijn leven in een appartement. Nooit. Ik houd van de natuur. Het is een fantastisch huis midden in het groen. Ik heb altijd genoten in mijn leven. Daar zullen wij heel gelukkig zijn. Ik heb er een kantoor en een zwembad.'

Ben Mandemakers

Van meubelmaker tot keukenkoning

'Iedereen kan geld verdienen, veel geld. Je hoeft maar een paar dingen te doen. Je begint een frietzaak, gaat er boven wonen en bakt zeven dagen in de week friet. Je gaat niet op vakantie. Dan heb je na twintig jaar veel geld verdiend. Het probleem is alleen dat de meeste mensen dat geen twintig jaar kunnen volhouden. Ze houden dat hoogstens vijf jaar vol. In het zesde jaar moet er een grotere auto komen, een groter huis en ze moeten vier weken op vakantie. Die discipline om er heel lang, keihard voor te werken, daar hebben veel mensen moeite mee.'

Dat zei Ben Mandemakers eens in een interview met Elsevier Retail. Zelf is hij het levende bewijs van wat je met inventiviteit, durf en vooral hard werken kunt bereiken. Hij heeft een keuken- bad- en meubelimperium opgebouwd met een omzet boven de 1,2 miljard euro. Zijn gigantische groei bezorgde hem de verkiezing tot Elsevier Retail Personality 2008.

Ben werd op 18 mei 1956 geboren in Kaatsheuvel (gemeente Loon op Zand) als zoon van een kleine vleeshandelaar. Zijn protestantse ouders kregen midden in het katholieke Noord-Brabant negen kinderen. Ben is de middelste van vier broers en vier zusters.

Hij volgde de protestantse lagere school 'De Rank' en kon toen naar de mavo. 'Maar ik wilde zelf naar de ambachtsschool in Waalwijk. Een vak leren. Ik leerde er in vier jaar het mooie vak van meubelmaker.'

Na zijn opleiding ging hij werken bij een bedrijf voor winkelinrichting in Kaatsheuvel. Hij was daar twee jaar meubelmaker. In het weekeinde werkte hij bij een doe-het-zelfzaak in Oosterhout. Hij moest de bestellingen op maat zagen en mocht wel eens een bus verf verkopen. Dat verkopen, dat contact met de klant, vond hij het leukste werk.

Toen kreeg de bedrijfsleider een nieuwe betrekking in Breda. Hij zag wel wat in het ondernemende mannetje. 'Je bent een goede kracht, je werkt hard. Waarom ga je niet met mij mee?' Het was op de brommer een uur rijden naar Breda. Iedere dag door weer en wind. Om half zes 's ochtends van huis weg en 's avonds om elf uur thuis. Zes dagen per week voor 120 gulden in de week. Gelukkig hoefde hij thuis geen kostgeld te betalen. Voor de rest moest hij zelf zorgen. Hij werkte er vanaf zijn achttiende.

Toen ging de bedrijfsleider weg. 'Mijn baas had drie zaken: een voor keukeninrichting, een doe-het-zelfwinkel en een kastenshop. Ik mocht op mijn negentiende bedrijfsleider worden voor de keukens. Ja, ik was uitsluitend verantwoordelijk voor de verkoop, niet de inkoop en verdiende nu tweehonderd gulden per week.' Wat had hij zich graag met de inkoop bemoeid... De eigenaar werd ernstig ziek en wilde de handel verkopen. 'Ik was 21. Mijn vader had geen bezwaar, maar weinig geld. Ik had zelf wat spaarcenten. Maar de eigenaar vroeg schandalig veel geld. Dat hadden wij niet. Het bedrag dat de eigenaar vroeg, heeft hij overigens nooit gekregen. De zaak werd niet verkocht, omdat hij gewoon veel te veel geld vroeg. Ik werd zo boos, zo verschrikkelijk boos. Wij hadden altijd een ontzettend goede band gehad. Maar nu was de werkverhouding wat verstoord. We hadden lange discussies over de leiding van de zaak. Ik vertelde hoe ik het zag. Wij werden het niet eens. Ik nam per direct ontslag.'

Ben in de bediening.

Thuisgekomen zei hij tegen zijn oude lui: '"Je kunt nu twee dingen doen pa. Ik ga voor mijzelf beginnen. Als je dat niet accepteert, mag je mij zo buiten schoppen. Maar ik ga toch voor mijzelf beginnen." Mijn vader heeft altijd achter mij gestaan. "Ga jij maar voor jezelf beginnen, " zei hij. Iedereen adviseerde mij een doe-het-zelfzaak in de regio Breda te beginnen. Ik wilde geen doe-het-zelver. Ik vond de verkoopbedragen te laag. Ik nam de beslissing om keukens te gaan verkopen. Iedereen vond dat ik gek was. Maar met keukens kreeg je een veel beter contact en veel meer binding met de klant. En daar was ik dol op.'

Ben Mandemakers had zevenduizend gulden gespaard. Hij beschikte alleen over monsterdeurtjes van de fabriek, stopte die in zijn oude Volkswagen Kever en ging rijden. Overal waar een hoop zand lag of wat cement, waar iets verbouwd werd of onder constructie lag, stopte hij en vroeg of ze een keuken nodig hadden. 'Ik kreeg ook tips van vrienden en kennissen, "die en die hebben een keuken nodig". Ik ging overal naar toe.'

'Ik belde aan bij alle deuren en dan vroeg ik: "Hebben jullie een keuken nodig? Ik verkoop keukens." Ik was pas 21 en er waren er, die antwoordden: "Nee, je hebt geen winkel. Ik kan helemaal niet zien wat voor keuken ik koop." Anderen kochten wel een keuken bij mij. Zo ben ik begonnen.'

'Mijn vader zei: "Je moet de keukens voor ze uittekenen." Ik kon goed tekenen. 's Avonds ging ik altijd naar de klant toe om koffie te drinken. En dan vroeg ik hoe ze het wilden hebben en dat tekende ik uit. En dan vroeg ik meteen of er nog wat verbouwd moest worden, of het plafond gestukadoord moest worden, er een vloer geplaatst moest worden of een nieuw wandje. Dan nam ik dat extra werk aan, want ik had in het begin maar weinig te doen. De keukens plaatste ik allemaal zelf en de aanpassingen deed ik ook. Vloeren leggen, muren sauzen. Anders kon ik geen geld verdienen.' Hij moest leren calculeren. 'Ik had zat dingen waar ik geen geld aan verdiende. Maar ik had wel een tevreden klant!'

Na zes maanden vroeg hij aan zijn vader of hij een oud schuurtje mocht gebruiken op het erf. Dat mocht en daar hoefde hij de eerste twee jaar geen huur voor te betalen. Hij knapte het schuurtje zelf op van de zevenduizend gulden, die hij gespaard had. Er was geen geld meer voor een verwarming. Hij kon daar toen zes keukens plaatsen. Die keukens had hij van zijn leverancier (de firma Dekker) en die hoefde hij pas over twee jaar af te rekenen. Boven het schuurtje verscheen het bord: Mandemakers Keukencentrum.

'Dat was mijn eerste keukenshowroom. Maar in de winter was het soms heel koud. Ik had een oude kachel gekregen van een vriend. Die had ik gewoon in het schuurtje geplaatst, maar hij was niet aangesloten. Dat kon je niet zien. En als een klant dan klaagde over de temperatuur, wees ik op de kachel en zei dat hij stuk was. Ik had geen geld voor verwarming. Toen ik dan mijn eerste showroom had, plaatste ik mijn eerste advertentie in een plaatselijk blaadje. Een vertegenwoordiger van De Maasroute kwam mij de advertentie verkopen. Hij vroeg: "Wat ga jij in dat schuurtje doen? Dat red je nooit."'

Hij leefde van week tot week. Hij vroeg nooit een aanbetaling van zijn klanten. 'Soms had ik niets en dan leende ik bij mijn vader een paar duizend gulden, die ik dan een paar weken later weer teruggaf. De bank leende mij niets. Ik had geen onderpand. De keukens in de showroom waren niet van mij maar van de leverancier. Na 1,5 jaar kreeg ik met hangen en wurgen mijn eerste lening van 25.000 gulden bij de toenmalige Slavenburgbank.'

Op zijn 21ste trouwde hij met zijn grote liefde Adje Kroot, die in de bejaardenzorg zat. Daar bleef zij werken, want haar vaste salaris had het echtpaar hard nodig voor de aanbetaling van hun huis. Ze hebben drie zoons van wie er al twee in de zaak zitten. De jongste van achttien zit nog op school, maar werkt de zaterdagen in de zaak. 'We zijn nu dertig jaar getrouwd en zijn samen onlangs 52 geworden. Ben adoreert zijn Adje. Zij ging later ook in de zaak werken. Voor Ben telt niet het gezegde: Zijn eerste vrouw zorgde voor het geld en het geld zorgde voor zijn tweede vrouw. Onmogelijk in zijn denkraam.

Met het geld van de bank werd het schuurtje uitgebreid en er kwam verwarming. Er werkte na twee jaar vier man personeel – drie van hen werken nog steeds voor hem. In het begin van de jaren tachtig van de vorige eeuw ging het slecht met de economie. Twintig procent van de keukenzaken gingen binnen twee jaar failliet. Ben Mandemakers had een antwoord. Er werd een nieuwe goedkope keuken ontwikkeld. Die keuken was veertig procent goedkoper dan die van de concurrentie. 'Het was echt een goed product tegen de scherpste prijs. Niemand die er iets van begreep. De collega's zeiden: "Mandemakers gaat failliet." Ik verdiende er ook weinig op. Maar er werden er wel heel veel van verkocht.'

Bij het schuurtje bouwde hij een van de grootste showrooms in Nederland op keukengebied. Hij had inmiddels al 25 man personeel. 'Toen ging ik adverteren in *De Telegraaf*. Uit het gehele land stroomden de klanten toe. Ik groeide als kool. Kreeg 25 man in dienst. Onze prijzen waren heel scherp en ik adverteerde met de Efteling in Kaatsheuvel. Onze tekst luidde: Sprookjes komen niet alleen van de Efteling maar ook van Mandemakers keuken.'

'Mijn magazijnen waren allemaal schuurtjes. Ik besloot een nieuw magazijn te bouwen met kantoren en ook weer een tweede nieuwe zaak erbij onder een andere naam: de Keukenkampioen. Ik had een nieuwe visie. Er kwamen zoveel klanten naar Kaatsheuvel, ik wilde ze ook een mogelijkheid tot vergelijken bieden. Kijk, als ze bij Mandemakers waren geweest en er was niets van hun keuze of portemonnee, dan gingen ze niet naar een andere Mandemakers-zaak toe, maar wel naar de Keukenkampioen. Die zat in het middensegment en het lager segment, terwijl Mandemakers inmiddels tot het hogere segment was gaan behoren. De Keukenkampioen was een trapje lager.'

De collega's spraken van kannibalisme. Mandemakers ging zichzelf beconcurreren. Men zou veertig procent terugvallen. Niets bleek minder waar. Mandemakers' omzet steeg met twintig procent en bij de Keukenkampioen werd de omzet verdubbeld. 'Toen had ik de beste fundamenten om mijn bedrijf uit te bouwen. Het begon met een derde vestiging in Mijdrecht. Ik nam een bestaande keukenzaak over. Mijn vierde vestiging was Piet Klerkx Keukens & Sanitair, waarvan ik de activiteiten overnam,' aldus Mandemakers. 'In 1998 had ik tweehonderd man in dienst in een vijftiental vestigingen. De laatste tien jaar hebben wij zelf vele formules geopend en bedrijven gekocht.'

Wat bedoelt hij met formules? 'Stel je voor dat iemand bij Mandemakers is geweest en daar niet kon slagen. Dan gaat hij naar een ander. Niet wetende dat die ander ook van Mandemakers is, maar een geheel eigen formule volgt. Elke formule, die ik heb, heeft zijn eigen commerciële verantwoordelijkheid. Ze hebben allemaal een eigen directie en concurreren ook met elkaar. Ze trekken strikt gescheiden met elkaar op.' Het is een imperium geworden van zaken, die Ben zelf oprichtte of die Ben heeft overgenomen. Hierbij de voltallige lijst die de eenvoudige consument versteld zal doen staan.

Keukens & Sanitair: Mandemakers Keukens, Keukenmaxx, Keukenkampioen, Keukenconcurrent, Wooning Keukens & Badkamers, Piet Klerkx Keuken & Sanitair, Sanders Keukenstad, Keukenhuys De Tweede Kamer, Brugman Keukens & Badkamers, Tinello, Nieuwenhuis Keukens, Grando Franchise formule, Maxx Kuchyne Tsjechië, SieMatic Keukenontwerpers. En in Duitsland als joint venture Plana, Asmo, Vesta en Marquardt. Dan is er nog de tak meubelen met zaken als Natuzzi, Montel, Piet Klerkx Meubelwereld, Riant, Sanders, Stoutenbeek, Woonexpress en Makea. Men gaat beginnen met Sanidirekt (veertig winkels) en er komt een verkoop via internet, waarbij binnen 48 uur wordt geleverd.

In totaal heeft het voormalige hulpje in de doe-het-zelfwinkel, thans meer dan vierhonderd winkels met 5.500 mensen in dienst met vestigingen in Nederland, Duitsland, Tsjechië en België en een franchisewinkel op Curaçao, terwijl de omzet tegen de 1,2 miljard euro gaat aanlopen. Van een groot aantal vestigingen heeft hij ook het onroerend goed.

Hij vindt zijn expansiedrift het logische gevolg van zijn visie. 'Wie klein is, is altijd afhankelijk van derden en dat is het laatste wat ik wil. Ik wil zélf bepalen welke nieuwe producten wij uitbrengen of in welke concepten we geld steken. Om een sterke positie te kunnen blijven innemen, moet je investeren in de eigen merken, showrooms en nieuwe lijnen en kleuren.'

Ben zit bovenop de serviceverlening van al zijn bedrijven. Klantgerichtheid is geen loze kreet. Hij heeft hiervoor een eigen scholingsruimte en eigen trainers, die leren wat dit inhoudt. Hij weet zelf wat de klant wil omdat hij aan de basis begonnen is. Zo is bijvoorbeeld mond-tot-mondreclame belangrijk. Hij heeft zaken, waar deze vorm van reclame voor zeventig procent van de omzet zorgt. 'Kijk, de keuken is het hart van ons huis. Dat blijft tot in de lengte van jaren prioriteit.'

'Als er bij een van uw buren een nieuwe keuken is geplaatst, wil iedereen zien hoe dat geworden is. En de mensen zijn dan ook heel openhartig. Als de keuken niet compleet is of de maten niet kloppen, dan weten de buren en de familie dat meteen. Als je de keuken maandag zou komen plaatsen en je bent er pas woensdag. Een catastrofe! We houden ons aan onze afspraken. Als de apparaten niet goed zijn aangesloten, krijgt de gehele straat daar uitgebreid verslag van. Maar dat geldt ook andersom. Keurige mensen daar bij Mandemakers. Alles op de afgesproken tijd. Nette monteurs. De boel was aan het einde van de dag netjes aan kant. Wij kregen tijdig te horen wanneer werd afgeleverd en wanneer er werd geplaatst. Nee, we moeten eerlijk zeggen, een professionele organisatie.'

Dan glundert Ben Mandemakers nog steeds. Daarom heeft hij een eigen distributie- en montagebedrijf. Daarom houdt hij regelmatig onderzoeken naar de tevredenheid en scoort 98 procent. Daarom is er een klachtenlijn, die 24 uur bereikbaar is, en de klachten kosteloos verhelpt. 'De grote keukenfabrikanten zitten in Duitsland en werken met gebruikelijke "gründlichkeit". Maar ze gaan helemaal op scherp als ze voor ons werken. We zijn een grote klant en ze weten dat alle zendingen wel tot drie keer worden gecontroleerd!'

Zijn imperium bestaat nu dertig jaar. De mensen van het eerste uur werken er nog. Toen het bedrijf in 1998 twintig jaar bestond is een aantal van hen geïnterviewd en dit laat een aantal facetten van deze Brabantse selfmade ondernemer zien.

Hans Berkelmans werkt er al vanaf zijn 15de. 'Ik heb van alles gedaan: controle, verkoopplanning, planning in het magazijn en nu heb ik dan de eindverantwoordelijkheid voor de distributie van alle bedrijven in de formule. Er is veel veranderd. Ben laat ons veel vrijer dan voorheen. Hij geeft iedereen meer verantwoordelijkheid dan vroeger. Dingen echt los laten, dat doet hij niet. Elk detail, niets ontgaat hem, hij houdt werkelijk alles in de gaten. Als Ben niet zo was, waren wij nooit zo ver gekomen. Hij is een echte doorzetter en loopt over van energie. De club van vroeger is een echte club gebleven. Net zoals Ben, die is ook zichzelf gebleven en geen spat veranderd. Veel geld verdiend en toch zichzelf gebleven. Nooit ziek, maakt 38 uur per week. Ja, thuis wel te verstaan. Hij werkt van 's ochtends zeven uur tot 's avonds elf uur.'

Berkelmans moet lachen als hij aan vroeger terug denkt. 'Ben plaatste vroeger ook keukens, althans dat probeerde hij samen met Ad van der Schans. Maar ze lieten hem nooit veel doen. Ja, een gat hakken voor de afzuigkap... Ben is het beste in zijn inkoop. Verkoop ook, maar in inkoop is hij echt een kei. Zoals hij zijn afspraken met de fabrikanten voor elkaar heeft, perfect. Ben trekt de kwaliteiten in mensen naar boven, laat iemand niet te snel vallen. Of je moet het echt te bont maken.'

Jan Stuivenberg is verantwoordelijk op financieel gebied. In de eerste jaren ontbrak ieder overzicht. Daarom is de administratie geheel opnieuw opgezet. 'De echte groei moest toen nog eigenlijk beginnen. Dat kwam in 1993. Het is uiterst plezierig om met zo'n man

Ben Mandemakers voor zijn nieuwe hoofdkantoor in Waalwijk.

te mogen werken, maar ook vaak vreselijk moeilijk. Hij heeft zo ongelooflijk veel drive vanuit zijn wezen. Wie wil blijven moet hard lopen, want Ben heeft een natuurlijke voorsprong.' Mandemakers: 'Ik ben Ben. En ik ben het al jaren.'

Wim van der Lee was de eerste verkoper in dienst van Mandemakers. De groei van het bedrijf verwondert hem niets. 'Door iedereen wordt keihard gewerkt, harder dan bij welke concurrent dan ook. Dagen van twaalf uur zijn geen uitzondering, eerder regel. Dat komt voor een groot deel omdat de leiding zelf ook keihard werkt. Ben is eigenlijk steeds harder gaan werken.' Volgens Van der Lee heeft Ben slechts één slechte eigenschap: 'Hij neemt soms tijdens het gesprek het woord, blijft vervolgens praten en loopt dan weg. Geen tijd meer. De volgende dag komt hij erop terug en zegt: "Dat was nog zo stom niet wat jij gisteren zei..." Hij maakt nooit aantekeningen en onthoudt alles! En de zaak is van hem. Hij hoeft geen ruggespraak te houden met de commissarissen of de raad van bestuur. Hij zegt gewoon: "Oké, zo doen wij het. En we gaan het meteen zo doen."'

Zijn grote liefde Adje zegt : 'Ben houdt echt van zijn zaak. Hij is er dol op. Maar zijn vrouw en zijn kinderen blijven het belangrijkste in zijn leven. Daar is geen twijfel over mogelijk. Ben is een makkelijk mens, hij zeurt of piekert niet gauw. Ben heeft hard moeten knokken, echt waar. Misschien is het op de zaak wel eens anders, maar thuis is hij echt gezellig. Ben laat niet makkelijk mensen vallen. Als je hem niet oneerlijk behandelt, dan is hij echt trouw en zal hij je ook altijd steunen. Hij is wel heel direct, als hij iets op zijn lever heeft, gooit hij dat er direct uit.'

Andere medewerkers leggen er de nadruk op dat er zoveel gelachen wordt in het bedrijf en dat overal zo'n positieve sfeer heerst. Men praat over het 'mand-gevoel' en het vele plezier op het werk.

Niet ver van het huidige kantoor nadert een schitterend nieuw hoofdkantoor van de DMG-groep (De Mandemakers Groep) met een ondergrondse garage en een immens magazijn erachter zijn voltooiing. In het nieuwe kantoor komt een crèche, een fitnessruimte en een fraai restaurant voor het personeel. Er staan fonteinen voor de hoofdingang van dit grote bedrijfspark voor DMG-keuken, DMG-bad en DMG-meubels. Het is waanzinnig ruim opgezet, met mooie open hallen waar bovenin een brede gang de ruimte doorkruist om de ene vleugel met de andere te verbinden. 'Ik houd nu eenmaal van grote ruimtes. Het gebouw zou de helft kleiner kunnen. Maar ik houd hier van.'

Op weg naar het pronkstuk passeert een oudere man op de fiets. Hij zwaait met zijn arm en Ben vertraagt zijn Maybach, een auto van zes ton. Het is zijn tweede al en hij groet uitbundig terug. Na alle gesprekken ontpopt hij zich langzamerhand als de joviale Brabander die hij is. We gaan eten in een schitterend gerestaureerde Molen in Kaatsheuvel. 'De molen is ook van mij,' fluistert hij, terwijl restaurateur Jerry van der Pluijm met smakelijke voorstellen komt.

Hij is als ondernemer tevreden over het belastingklimaat in Nederland. 'Dat is heel netjes. Kom op zeg, als je geld verdient, moet je belasting betalen. Daar moet je niet over zeuren. Er zijn vrienden die elders gaan wonen voor een beter belastingklimaat. Dat vind ik het domste wat er is. Je hebt het hier verdiend en daar blijf je dan ook. Je hebt ondernemers die veel verdienen en dat onmiddellijk weer investeren. Maar als het dan even tegenzit en de fiscus komt aan het einde van het jaar zijn hand ophouden, komen ze in ernstige problemen. Ook toen ik klein was, zette ik van ieder tonnetje dat binnenkwam, dertigduizend meteen opzij. Gereserveerd voor de belastingen.'

Alleen de regelgeving daar wordt hij, zoals iedere ondernemer, knettergek van. 'Neem alleen al de sluitingstijden van winkels die van stad tot stad verschillen. In het centrum van Amsterdam mogen alle winkels op zondag open zijn en in andere steden twee keer per jaar!' Met liefde praat hij over zijn 'cluppie' RKC, Rooms Katholieke Club, waar de laatste jaren Waalwijk aan toegevoegd is. Zij voetballen nu al twee jaar in de eerste divisie. 'Maar we komen terug. Waarschijnlijk dit jaar al,' zegt hij vol vertrouwen. Zestien jaar geleden werd hij sponsor. 'Toen kon ik het eigenlijk niet betalen, maar ik was zo dol op voetbal.' Op een gegeven moment werd hij hoofdsponsor. Het staat op shirts van de spelers en ze voetballen in het Mandemakersstadion.

Ben is een prima disgenoot, die de intieme sfeer gebruikt om zijn echtgenote Adje de hemel in te prijzen. Hij gaat niet, zoals veel zakenlui op reis, wel eens vreemd. 'Nee, nooit! Dat kan ik mijn Adje niet aandoen. Ik moet er niet aan denken.'

En merkt hij iets van teruglopende omzetten in de keuken- en meubelbranche nu het met onze economie weer wat minder gaat? 'Nee, dan zou ik 100 procent van de markt moeten hebben.' Hij heeft nu 50 procent van die markt en streeft naar 65 procent.

Hennie van der Most

Van pompbediende tot directeur met een eigen helikopter

'Jan zonder Land', zo luidde het hoofdartikel in *NRC Handelsblad*. 'Stel dat de overheid een staatsbedrijf privatiseert en verkoopt aan een particulier bedrijf. Is het dan normaal dat premier Balkenende (we schrijven september 2007) daar persoonlijk een bonus voor krijgt? Als Defensie een aantal F-16's verkoopt, mag commandant Berlijn daar dan een graantje van meepikken? Uiteraard niet, zij zijn gekozen of aangestelde bestuurders die professioneel hun taak verrichten tegen vooraf opgestelde arbeidsvoorwaarden. De organisatie die zij leiden, is niet hun eigendom.'

'Topman Bennink van Numico verdient volgens de jongste calculaties rond de honderd miljoen euro na de verkoop van het voedingsbedrijf aan het Franse Danone. Maar waarom krijgt hij al dat moois? Hadden hij en zijn voorvaderen Numico met blote handen opgebouwd, dan zou deze verkoopwinst hem meer dan zijn gegund. Maar de man is een ingehuurde kracht, niet meer en niet minder.' *NRC Handelsblad* stelt vast dat de topmanager zich is gaan gedragen als de eigenaar en zich de bijbehorende rechten toekent. Een moderne Jan zonder Land. De krant schrijft hoe demotiverend dit moet werken voor het personeel. Voor de productontwikkelaars die

Als jongeman was Hennie een enthousiaste
en gemotiveerde pompbediende.

hun hele hebben en houden in hun werk steken, voor de verkopers die nog een tandje bijzetten of de mensen die een paar jaar van hun leven besteden aan de opbouw van een nieuwe vestiging? De topmanager is geen eigenaar, maar is en blijft een functionaris, hopelijk voor hem de best betaalde in de organisatie. 'Wat de beloning van Bennink betreft kan één woord volstaan: schunnig,' zo eindigt het hoofdredactionele commentaar.

'Schunnig', dat is fors taalgebruik, maar voor selfmade ondernemer Hennie van der Most eerder te aardig. Hij is een ondernemer van het soort 'ruwe bolster, blanke pit' en heeft een buitengewoon pittig taalgebruik. 'Zakkenvuller' is nog de meest nette uitdrukking die Hennie bezigt.

Onze taal heeft maar een woord voor ondernemer. Of je nu een zetbaas bent of een ondernemer/eigenaar, die zelf ook het kapitaalrisico loopt. Van der Most kent drie soorten ondernemers.

De echte ondernemer is voor hem de selfmade ondernemer. De pioniers die met niets beginnen en met hard werken vooruit zijn gekomen. Ondernemers die het geld niet als doel maar als middel zien om hun creativiteit te ontwikkelen. Bij deze ondernemers gaat het niet om winstbejag of geld als doel. Ze zijn – zeker in het begin – bereid genoegen te nemen met een bescheiden inkomen ter wille van de groei en dus ook de werkgelegenheid van hun onderneming. Zij moeten gigantische problemen overwinnen, zoals de regelgeving in dit bureaucratische land en de alsmaar graaiende fiscus. Deze ondernemer stelt, aldus Hennie van der Most, zijn onderneming, zijn kindje, centraal. Alle winst wordt in het bedrijf gestopt, want hij wil groeien en als harde werker is hij een inspirerend voorbeeld voor zijn medewerkers. 'Dit zijn de steunpilaren van onze economie,' zegt Van der Most en dan heeft hij het ook over zichzelf: het zijn de ondernemers die leren van hun fouten. Zij moeten ook niet te veel theoretisch studie achter de rug hebben want dat kan belemmerend werken. Van der Most heeft een bloedhekel aan de zogenaamde 'dokterandersen'. Je moet leren door het ondernemen.

De oppasondernemer. 'Onder de oppasondernemer versta ik de man/vrouw die niet echt een pionier is, maar die de onderneming heeft overgenomen of geërfd.' Dit type ondernemer vindt Hennie van der Most nog wel belangrijk. Wat een pionier heeft opgebouwd, kan op deze manier verantwoord worden voortgezet. Een oppasondernemer kan ook doorgroeien en een echte ondernemer worden. Zie bijvoorbeeld Freddy Heineken, die de brouwerij erfde van zijn vader en er een grote multinational van maakte.

De oppasondernemer schept niet veel werkgelegenheid, maar biedt wel een zekere garantie dat het bedrijf zonder al te veel problemen kan worden voortgezet. Dit soort ondernemer denkt meer aan winst, neemt minder initiatief en zeker minder risico en is derhalve niet vernieuwend. Van der Most vindt ze belangrijk voor het in stand houden van goed opgezette ondernemingen en ziet ze als een stevige basis voor onze economie.

De zakkenvullers, oftewel 'overnameondernemers'. De laatste en slechtste categorie. Hennie van der Most praat alsof hij iets smerigs in zijn mond heeft. Dat soort denkt uitsluitend in termen als winst en macht. Men is gericht op het kopen en reorganiseren van een onderneming. Men kent de werknemers niet of nauwelijks. Die werknemers zullen ook minder gevoel hebben bij wie ze werken. De overnameondernemer gaat voor de eigen macht, de groei om de groei en voor persoonlijk winstbejag. Daar zijn beslissingen te veel worden aangestuurd door persoonlijke belangen, vormt hij een bedreiging voor het voortbestaan van de overgenomen onderneming. Hennie vindt het een schande dat dit soort mismanagement nog beloond wordt met gigantisch hoge salarissen, gouden handdrukken en andere extraatjes. 'Deze ladelichters brengen ook de echte ondernemer in opspraak. Het is schadelijk voor ze, want het grote publiek heeft de neiging ze over een kam te scheren.' Hij brengt een oud gezegde in herinnering: 'De eerste ondernemer creëert, de tweede ondernemer beheert en de derde ondernemer verteert.'

Hennie van der Most werd op 23 maart 1950 in Slagharen geboren. Zijn vader was eerst in loondienst bij een boer en is toen voor zichzelf begonnen met kippen, koeien en kalveren. 'Ik heb drie broers en twee zusters. Ik ben de derde.' Hij ging naar de kleuterschool bij de nonnen, daarna volgde de lagere school. 'Ik ben twee keer blijven zitten.' En ten slotte de ambachtsschool 'die we nu enorm missen'. Maar ook de opleiding tot metaalbewerker daar maakte hij niet af. 'Met mijn zestiende ging ik werken. Mijn eerste baan was in een metaalfabriek en ik kreeg als krullenjongen 35 gulden per week. Daarna heb ik aan de lopende band gestaan in een kachelfabriek. Toen werd ik pompbediende bij de ESSO-pomp in Coevorden. Daar begon het ondernemen een beetje.'

Want Hennie was een actief ventje. Werken vond hij geen plaag en verkopen heerlijk. 'Ik verkocht de meeste olie en ook de meeste vloeistof voor de ruitenwisser. Ik gaf de klanten service en kreeg fooien. Soms zelfs 45 gulden per week! De pomp moest om tien uur 's avonds dicht, maar ik ging rustig door tot twaalf uur. Ik kreeg op mijn donder, terwijl ik er niets extra's door verdiende. Ik verkocht graag. Dat vond ik leuk.'

Buiten het werken bij de pomp, pakte Hennie van alles aan. Tuintjes graven bij de dokter en de notaris voor een gulden per uur. In de schoolvakanties stond hij trouwens al bij het park Slagharen, waar hij kaartjes verkocht voor het parkeren. Dat parkeren kostte twee kwartjes per dag. Tegenwoordig zeven euro bij de Efteling. 'Ik had een bepaalde mentaliteit. Na twee uur kwam er niemand meer, maar ik bleef!'

Er was een goede klant bij de pomp die schik had in de ondernemende jongeman. 'Hij vertelde mij: "Langzame paarden en een snelle vrouw kosten veel geld." Ik begon het te leren... Hij had paarden en wilde graag dat ik een paardenstal in elkaar laste. Ik kon een beetje lassen en branden, op de ambachtsschool geleerd. Hij kocht een oud lasapparaat voor mij. Het moest op een koopje en ik scharrelde overal oud ijzer bij elkaar. Ik ben een bezige bij.' Met dat lasapparaat ging hij ook aanhangers en tuinhekjes maken en stallen voor pony's.

Hij ging weg bij de pomp en werd onderhoudsmonteur voor machines. 'Ik had geen diploma. De baas zei echter: "Ik help je. Je moet leren bluffen."' Hennie van der Mosts activiteiten begonnen thuis tot spanningen te leiden. Als er een mooie partij ijzer te koop was voor weinig, dan kocht hij de hele partij. 'Dat had ik allemaal bij mij thuis liggen. Zo lagen er grote hopen oud ijzer rond ons huis. Daar waren ze niet blij mee. Er was ruzie in de tent.'

'Inmiddels vroeg iedereen of ik zo'n goedkope stal voor ze kon maken. In de paardenwereld praat iedereen met elkaar. Het werd te veel. Ik kon het niet aan en ik ging samenwerken met een vriend.' Hennie van der Most was zwaar aan het beunhazen. Maar dat moest! Want volgens hem moet iedere echte ondernemer als beunhaas gewerkt hebben. Om te beginnen in zijn vrije tijd om zo te ontdekken of er een eigen bedrijf in zit. 'Een garagehouder is vanuit een schuur begonnen en een timmerman met eigen bedrijf heeft in loondienst bijgeklust.'

Volgens Hennie wordt iemand die doorgestudeerd heeft nooit een echte ondernemer, omdat hij niet met zijn handen gewerkt heeft. Hij maakt een uitzondering voor een boekhouder, die 's avonds tegen een vergoeding de belastingaangiften voor familie en vrienden invult. 'Bij voldoende klanten begint hij zijn eigen bedrijf.'

Hennie vindt een studie vaak zelfs een bezwaar voor het ondernemerschap, dat je in de praktijk moet leren. Een 'dokteranders' komt er bij hem niet in! Die willen alleen maar vergaderen. En vergaderen vindt hij tijdsverspilling. 'Ik merk het vanzelf als een tent goed loopt. Zo niet, dan grijp ik in. Met gediplomeerde managers wordt er steeds meer vergaderd, terwijl de omzet terug loopt. Ik zet leidinggevende mensen op een post, die ik vertrouwen kan. Die met keihard werken hun belang voor het bedrijf bewezen hebben. Ik geef mijn medewerkers ruimte en verantwoordelijkheid. Ik heb vertrouwen in mijn mensen. Ik geloof in ze. Zo haal ik het beste in ieder mens naar boven. Ze hebben plezier in hun werk. En als je lol hebt in je werk, brandt je niet af. Het gebeurt wel eens, maar dan zijn meestal privéredenen de oorzaak.'

Van der Most is geschokt door alle hoge opleidingseisen in de personeelsadvertenties. 'De ouders willen graag dat hun kinderen doorleren. Maar misschien gaan daardoor wel echte ondernemers verloren. Men wil een baan krijgen, die aansluit op de opleiding. Maar er bestaat grote behoefte aan goede ondernemers, die met hun "handjes" kunnen werken. Onderaan beginnen en dan op de ladder stijgen, geeft meer voldoening dan zwaaien met een papiertje. In mijn ondernemingen werken veel ongeschoolde werknemers op topniveau.'

'Ieder mens heeft talent en kan iets. Vriendelijkheid komt van pas in de horeca, doorzettingsvermogen in de bouw. Als je als werkgever uitstraalt dat je gelooft in je personeel, komt dat er in de meeste gevallen ook uit. Ook al begin je zonder diploma onderaan in de organisatie, je kunt toch heel wat bereiken. Dat weet ik uit ervaring. Als je maar wilt, als je maar gedreven bent en dromen hebt. En als je werkgever je maar de ruimte geeft.' Van der Most vindt dat er in dit land een overdreven aandacht voor leren is. 'In Nederland draait alles om leren, leren en nog eens leren. En daarna vergaderen. En maar lullen en niet werken! Er is een advies- en vergadercultuur ontstaan. We hebben meer praters dan doeners. Als de praters twee maanden wegblijven, merkt niemand daar iets van. Als de doeners twee uur niets produceren, ligt de economie stil. Maar wat is het gevolg? De praters moeten worden betaald door de doeners, waardoor de doeners en dus ook hun producten, duurder worden. De kosten stijgen en de productiviteit vermindert. Hoe vaak hoor je niet dat producten in goedkope landen gemaakt moeten worden omdat de productiekosten in ons land te hoog worden? Ik vraag mij af hoe vaak onze praatcultuur daar de oorzaak van is. De doeners zorgen voor de omzet waarmee de praters onderhouden worden.

Hennie was eens als ondernemer als slotspreker uitgenodigd om over ondernemerschap te spreken op een onderwijscongres voor directeuren van vmbo-scholen. 'Dat is een gezelschap om het bloed onder je nagels vandaan te halen. Onderwijzers weten altijd alles beter of hebben altijd wat te zeuren. Maar goed, ik had nu eenmaal ja gezegd.' De organisatoren hadden hem verteld dat er duizend deelnemers zouden komen, die allemaal vierhonderd euro hadden betaald. 'Maar ik zag slechts een kleine vierhonderd man in de zaal zitten. Waar was de rest?'

De organisatoren hielpen hem uit de droom. Het was heel mooi weer die dag. De school had de congresgelden al betaald. Dan ga je toch liever op een terrasje zitten dan op een onderwijscongres! 'Wat een stinkmentaliteit! Het onderwijs komt voortdurend geld tekort en dan beleef je dit,' zegt Hennie en hij siddert van woede. 'Ik ben erin gedoken. De organisatoren weten van tevoren al dat de helft niet komt opdagen. De catering houdt er al rekening mee. Niemand die het controleert. Gemeenschapsgeld wordt met het grootste gemak over de balk gesmeten.' Hennie is daar alert op. Hij vindt ook dat leraren voorafgaand aan hun baan minstens vijf jaar bij verschillende bedrijven gewerkt moeten hebben. 'Dan weten ze waarover ze praten. Ze kunnen dan beter praktijkgericht onderwijzen.'

'Waarom bedrijfsfitness invoeren als ze zich na de werktijd vol proppen met kroketten? En de gezondheidszorg? Er gebeuren veel nodeloze zaken waardoor de kosten oplopen en niemand heeft er weet van. Een huisarts belt een patiënt op om te informeren over de stand van zaken. Tot mijn grote onvrede krijgen wij een rekening van 17,50 euro. Een arts kan dus zelf op ieder moment zijn extra inkomsten bepalen. Ik heb het meegemaakt dat een patiënt zelf prima in staat was het ziekenhuis te bezoeken. De medici besloten anders. Vervoer per ziekenwagen. Het was een ritje van dertig kilometer. De

Tijdens een diner in het Scheveningse Kurhaus ontmoette
Hennie van der Most (midden) de voormalige Duitse bondskanselier
Helmut Kohl. Rechts op de foto de auteur van dit boek,
Thomas Lepeltak.

rekening bedroeg 750 euro. De verzekering betaalt toch. Een ziekenhuis is een praatfabriek. De hardwerkende verpleging (doeners) maken de gezondheidszorg niet duur. Het zijn de praters die de ziekenhuiskosten opdrijven. Maar waar praat ik over? Je kunt de rekeningen toch gewoon bij de zorgverzekering inleveren?'

Hennie is het trouwens ook niet eens met onze ziekte-uitkering. Hij vindt dat bij ziekte minstens ATV ingeleverd moet worden of anders moeten de uren ingehaald worden. Bij ziekte of ongeval door schuld van de werkgever vindt hij dat de werknemer voor honderd procent moet worden doorbetaald. Maar er zijn ook werknemers die deelnemen aan risicosporten en bijvoorbeeld geheel ongetraind aan skivakanties beginnen. Door botbreuken zijn ze dan weken uitgeschakeld. Van der Most vindt het redelijk dat als zo iemand in de ziektewet belandt, hij maar voor zeventig procent hoeft te worden doorbetaald. Als hij toch honderd procent wenst te krijgen, kan hij zich via een verzekering via de werkgever zeker stellen van zo'n doorbetaling. Hij moet dan wel een hogere premie betalen! Een werknemer die zich een jaar niet ziek meldt, moet recht hebben op een bonus van vijfhonderd euro.

En dan de overheid. De overheid is log, traag, inflexibel en zonder daadkracht! 'De lasten voor ondernemer en werknemer gaan alleen maar omhoog. De muziek voor de echte ondernemer en zijn werknemers wordt steeds minder. Ik vind dat de BTW moet worden afgeschaft. De BTW is een grote administratieve rompslomp voor ondernemers.'

Hij vindt dat de politiek de echte ondernemer meer moet steunen in plaats van tegenwerken. Het oerwoud aan regelgeving maakt het ondernemen steeds moeilijker. Veel jong talent wijkt uit naar het buitenland. Ze kunnen binnen de EU werken waar ze willen.

Zo nu en dan heeft Van der Most ontmoetingen met politici en hij probeert ze dan te doordringen van het belang van de Echte Ondernemer en wie dat dan zijn. Ze kennen het onderscheid nog niet, dat moet ze aan het verstand gebracht worden. Hij denkt terug aan zijn eigen jeugd. 'Weet je, ik had gebruikte gaspijpen gekocht in het Westland voor een gulden per meter. Ik verkocht ze voor twee gulden per meter. Toen kreeg ik opeens een sterk commercieel gevoel. Ik ga de handel in. Dat verdient veel beter.'

Bij de familieboerderij was inmiddels ook een manege gebouwd. Daar wilde Hennie dolgraag het beheer van. Dat lukte pas na heel veel moeite met aanhoudende ruzie. 'Mijn vader wilde niets investeren. Hij was een postbode en is nu nog een postbode. Ik knapte alles op. Een mooie bar, een mooi toilet. Het liep als een trein. Vader werd jaloers. Ik verdiende geld en stopte dat er allemaal weer in. Ook alle centen die ik verdiende als onderhoudsmonteur en dan stond ik tot twee uur 's nachts achter de bar. Mijn vader zat aan de andere kant en gaf rondjes...'

Op een gegeven moment werd de spanning te groot en Hennie vertrok. 'Ik kocht een huisje in Slagharen met daarachter de opslagplaats voor het ijzer. Een zakenman stond borg voor mij, maar toen de zaken goed gingen eiste hij tien procent van zijn borg. Terwijl ik toch om niet allerlei klusjes voor hem had opgeknapt.'

'Toen kwamen er problemen met de belasting. Ik had alles wat ik beurde weer geïnvesteerd. Maar er moest toch ook aan de fiscus worden afgedragen. Er werd een regeling getroffen en ik kreeg een waarschuwing: "Nooit meer doen."'

'Ik maakte een grote slag. Ik kon al het ijzer van een aannemer die stopte, verkopen. Ik mocht er een jaar over doen.'

Van der Most zat constant in liquiditeitsproblemen. Dan had hij nog twee ton tegoed van klanten, maar kon niets kopen terwijl hij overal handel in zag. Hij speelde de banken tegen elkaar uit. Dat leidde tot vreemde toestanden. Op een gegeven moment holde hij met een vuilniszak vol geld over straat vanwege een geplande inval bij Slavenburg. Even later klapte de markt volledig in elkaar. Geen enkele opdracht voor de bouw van paardenboxen. 'Dat was nou echt het ondernemersrisico. Geen stress, wel spanning. Het was een prachttijd, niet te filmen!'

Inmiddels had zijn huisje een metamorfose ondergaan. Er was een privézwembad bijgekomen en een leuke bar. Er werd gefeest en gezopen. Ook tegen betaling. De caféhouders uit de wijde omgeving klaagden. De tent moest dicht. Toen kocht hij De Bonte Wever, zijn eerste grote project en zijn start als recreatieondernemer. Eerst 8 miljoen investeren. Het werden er 45. Dus volgde er een ruzie met banken. 'Ik moest steeds geld hebben. Ik introduceerde het onbeperkt eten, de servicebioscopen, kegelbanen, barbecuen en ga zo maar door. Zij dwongen mij managers aan te nemen met horecapapieren... Ik was de man met de ideeën en zij hadden het geld. Het werd een gevecht met vallen en opstaan. De NMB is erin gesprongen en het liep goed. Ik heb het idee dat bankdirecteuren vroeger veel beter waren. Die hadden gevoel bij het ondernemen. Ze kenden je familie, wisten uit welk nest je kwam, wat je kon en wat je niet kon.'

In 1980 werd De Bonte Wever geopend. Het zwem- en saunacentrum brandde in 2001 af. In 1985 volgde Speelstad Oranje in een voormalige aardappelmeelfabriek in Oranje bij Hoogersmilde, in 1988 hotel Preston Palace in Almelo in een voormalige ziekenhuis, in 1994 de Evenementenhal in Hardenberg, voorheen een tapijthal. Veel publiciteit kreeg Hennie in 1995 toen hij de oude Duitse kerncentrale Kalkar omtoverde in Kernwasser Wunderland. In 1997 voegde hij het sport- en evenementencentrum De Smelt in Assen aan zijn bedrijven toe en in 2001 opende hij hotel De Koperen Hoogte in Lichtmis in een voormalige watertoren aan de A28. In 2003 en 2005 werden een voormalige bakkerij in Rijswijk (ZH) en een distributiecentrum in Gorinchem omgebouwd tot evenementenhallen. En er zijn nog grote plannen in Meppel en in Dronten en voor de eerste indoorcamping ter wereld op een voormalige NAVO-legerplaats in Itterbeck in de buurt van Drenthe. Voorts bezit Van der Most nog een staalhandel in Slagharen, een horecagroothandel in Schuinesloot en drie kiprestaurants.

'Ben ik nu een rijk man? Ik heb alles in steen zitten. Pas als je al je stenen verkocht hebt en het geld op de bank, kun je zeggen hoe rijk je bent. Je ziet ondernemers die te snel rijk werden en niet weten hoe ze met geld om moeten gaan. Ze weten van gekkigheid niet wat te doen. Ik ben helemaal niet rijk.' Hij is ook niet van plan met zijn bedrijven naar de beurs te gaan en te cashen. 'Dat gaat alleen maar om de poen. Daar zijn de werknemers de dupe van.'

Van der Most heeft geen Ondernemingsraad. Er werken ruim tweeduizend mensen bij hem met heel weinig diploma's. 'Maar mijn managers luisteren naar hen. Er is maar heel weinig verloop. En ik betaal goed.'

Hoe kun je op zoveel bedrijven op zoveel verschillende plaatsen in Nederland en Duitsland toezicht houden, terwijl de wegen dichtslibben? Per helikopter. Van der Most heeft zijn eigen wentelwiek, waarmee hij van bedrijf naar bedrijf vliegt. Met een piloot, die wel over een diploma (brevet) beschikt.

Aad Ouborg

Van mislukt student tot wereldondernemer

Het was ondernemer Aad Ouborg al opgevallen. Bij sommige wedstrijden droeg onze grootste zwemster, Ingrid de Bruyn, een badmuts met daarop in grote letters de naam Princess van zijn bedrijf. Maar onder andere bij de Olympische Spelen stond er uitsluitend Spido op muts en badpak. Want dan is reclame verboden en mag alleen het sportmerk (Adidas, Nike enz.) te zien zijn. 'Dan richt ik een Princesssportgroep op,' zo dacht Aad. Aanvankelijk was het als grap bedoeld. Maar hij ging schoenen, tassen, ballen en kleding op de markt brengen. Hij deed dat in samenwerking met Jacques Brinkman, oud-hockeyinternational en actief in de sporthandel. Het werd een serieuze Princess-poot. En zijn sportartikelen zijn al in meer dan honderd sportzaken te koop. Tot nu toe was Princess uitsluitend bekend om zijn elektrische huishoudelijke artikelen. Het NOC en de Koninklijke Nederlandse Hockeybond lagen aanvankelijk dwars, maar twee weken voor de opening van de Spelen in Peking gaf het IOC toestemming en zette het licht op groen.

Met de Olympische Spelen in China voor de deur zorgde Aad Ouborg voor de zoveelste stunt. Hij organiseerde een grote Olympische party in Molen de Dikkert in Amstelveen en lanceerde daar temidden van voormalige Olympische kampioenen een eigen hockeystick met in grote letters daarop 'PRINCESS', zijn merk. Prins Pieter Christiaan was er ook en de tophockeyer Teun de Nooyer presenteerde de eerste officiële hockeystick, de Princess T14. Hij was bij de ontwikkeling van de hockeystick betrokken.

'Maar ik heb twee weken voor de opening geen enkele druk uitgeoefend op de spelers om mijn stick te gebruiken. Ik ben zelf manager geweest van het herenhockeyteam tijdens het WK 1998 in Utrecht en ken de spanning. Als je dan eerst met de Princess traint, dan weer met je oude stick en ten slotte vlak voor de kampioenschappen weer teruggaat naar de Princess, dat kun je gewoon niet maken. Dus ik heb mij er niet mee bemoeid,' aldus Aad. Toch speelden zeven dames en zes heren met zijn hockeystick, gemaakt van carbonaat, op de Olympische Spelen.

Aad Ouborg werd op 20 augustus 1959 in Vlissingen geboren. Zijn vader was kapitein op de grote vaart en vrijwel nooit thuis. Toen de kinderen kwamen, moest hij van zijn dominante schoonvader een baan aan wal zoeken en begon met Ouborg Shipstore, bevoorrading van schepen in Vlissingen. 'Maar hij was nooit echt gelukkig. Hij wilde varen. Dat was zijn ziel en zaligheid. Hij hoefde verder niets. Hij had maar weinig wensen. Hij had geen geld nodig. Hij wilde niets. Hij leefde het liefst teruggetrokken. Hij was er altijd voor ons. Hij zou zich nooit laten voorstaan op het feit dat hij mijn vader was. Ik kon hem ook niet mee op reis krijgen naar welke verre oorden ook. Hij wilde niet vliegen. Vader zei altijd tegen mij: "moet dat nou allemaal?" Later, nadat hij in de zaak van zijn schoonouders terechtkwam ging hij in het onroerend goed met vakantieprojecten in verschillende landen. Hij was een pionier, mijn moeder was een ondernemer.'

Moeder genoot van alles. Zij ging ook mee naar Hongkong. 'Toen zij overleed, vond ik in alle laden stukjes en artikelen over mij. Die had ze verstopt, want ze wilde geen van haar kinderen voortrekken. En ze had ze ook verstopt voor mijn vader, denk ik. Ze was

Aad begon met de verkoop van krultangen met de naam Babyliss.

trots op mij en zei altijd: manneke, manneke, manneke. Zij was de eerste, die met de weightwatchers begon beneden de rivieren.' Die ondernemingszin had zij van haar vader, Aads grootvader dus. Aad lijkt op die grootvader. Opa had garages, was dealer van GM, begon wasstraten, verkocht propaangas, had benzinepompen en taxibedrijven. 'Ik speelde in zijn garages. Opa was trouwens ook dol op entertainment. Ik was dol op hem en ging hem toen hij ernstig ziek werd wel een paar maal per dag opzoeken. Hij was ook een sterk overheersende opa. De slagzin die Aad beroemd maakte in ondernemend Nederland luidt: "Ondernemen is entertainen." Alles wat er te vieren viel, vierde grootvader ook. Het kan de opening van een nieuwe zaak geweest zijn, een nieuw model auto, een nieuw product: het was feest! En hij haalde er ook artiesten bij als Johnny Kraaykamp en Corrie Konings. Toen wij Circus Renz redden, kreeg ik van iemand een prachtige indianentooi. Die bleek afkomstig van Circus Bever, dat financieel geholpen werd door mijn grootvader. Ik heb dat nooit geweten!'

Toen opa ziek werd, moest vader Ouborg naar Breda komen voor de zaak. Maar hij was van de zogenaamde koude kant. Zijn zwagers maakten het hem niet gemakkelijk. En dat is nog zwak uitgedrukt. 'Vader heeft het heel zwaar gehad zonder dat wij dat wisten en er iets van merkten.' Na het overlijden van zijn schoonouders en na een hoop ellende met de familie werden pa en ma Ouborg voor een appel en een ei uitgekocht. Fiscaal allemaal heel ongunstig. De piepjonge Aad Ouborg heeft nog geprobeerd de boel te redden. Hij bood zelf op de zaak. Een behoorlijk bedrag, daarbij gesteund door de bank. 'Dat kon makkelijk, want het onroerend goed was al meer waard. De broer en zus van mijn moeder weigerden en boden haar eenderde van dat bedrag aan voor haar aandelen. En dat was al aanzienlijk meer dan hun eerste uitkooppoging. Kun je nagaan. Zij hebben het met die familieperikelen heel moeilijk gehad. Dat merkte ik later pas.' Er was een voordeel. De familie Ouborg zat nu in Breda en dat zou de stad worden van Aad. Hij zou zich er als een vis in het water voelen.

Aad volgde de havo (twee keer blijven zitten) in Breda en studeerde daarna een jaar medicijnen in Antwerpen. Dat vond hij een verschrikkelijke tijd. Zijn grootvader van vaders kant was de jongste hoogleraar van Nederland. Op zijn 37ste was hij al professor in de chemie. 'Mijn vader hoopte altijd dat ik de kant van zijn vader zou opgaan. Een ernstige misvatting. Ik heb mijn opa Ouborg nooit gekend. Hij overleed toen hij 42 was. Maar als zijn geplande opvolger kreeg ik wél steeds wis- en natuurkunde in mijn pakket. Ik haalde altijd onvoldoendes. En terecht natuurlijk. Ik was liever naar de sportacademie gegaan of de hotelschool. Ik studeerde mij rot, maar het zat er gewoon niet in. Alleen maar herexamens. Het werd een ramp.' Toch had Aad op zijn eindlijst een 8 voor wiskunde.

Hij organiseerde alle feesten, alle excursies, richtte bands op, speelde trompet, imiteerde Louis Armstrong en had de jongedames voor het oprapen. Hij ging in Utrecht naar een opleiding voor fysiotherapeut. En daar was hij al meteen aan het handelen. In namaakhorloges uit Thailand, in truien waar hij zelf een krokodil met de staart omhoog opplakte. Hij kocht een partij truien voor een gulden per stuk en verkocht ze na een behandeling voor een tientje. Hij kocht bodywarmers bij 'Henkie koopt alles' in Rotterdam. 'Oh jongen, wat vond ik verkopen heerlijk. Ik heb allerlei vakantiebaantjes gehad. Ik stond zelfs aan de lopende band voor een paar gulden per uur. Toen kocht ik een oud Volkswagentje. En dat verkocht ik een paar dagen later met vierhonderd gulden winst. Toen wist ik het wel. In de handel valt meer te verdienen. Ik heb geen zak met geld van huis meegekregen. Ik heb altijd alles zelf verdiend. Maar ik was wel de enige student die een eigen auto had! Drie auto's had ik op een bepaald moment. Daardoor waren er later zelfs studenten die pakketten voor mij bezorgden. Ik verdiende een knappe zakcent. En ik deelde maar uit aan iedereen. Cadeaus voor vader en moeder en mijn zussen. Ik nam iedereen mee op vakantie. Wat een tijd. Ik deed ook nog aan tophockey. Ik zat in het eerste van Kampong en van Breda.' In Utrecht zag hij vaak de studente tandheelkunde Dorien. Hij kende haar al in Breda van Kampong . Zij zou de moeder van zijn kinderen worden. Jarenlang werd zij in het Stan Huygens Journaal van *De Telegraaf* omschreven als de mooiste tandarts van Nederland.

Op een gegeven moment vroeg leraar Menno Bloemhof aan Aad waarom hij eigenlijk fysiotherapeut wilde worden. Hij gaf het verkeerde antwoord: 'Omdat ik graag goed geld wil verdienen.' Dat was helemaal fout. De leraar keek hem ernstig aan en zei: 'Je krijgt een vier. Dat mag je nooit zeggen, dit is een ethisch vak.' Aad begreep onmiddellijk dat het nooit wat zou worden met hem in de fysiotherapie. Na drie jaar stopte hij de studie. Hij werd ondernemer.

Hij begon met Babyliss, de Nederlandse verkooporganisatie van artikelen voor de persoonlijke haarverzorging. Het werd een geweldig succes. Terwijl het in Frankrijk en elders steeds slechter ging met Babyliss, maakte Aad behoorlijke winsten in Nederland. Ook door het inschakelen van artiesten als Patricia Paay. Hij zag haar met wafelig haar op de tv en besloot haar te bellen. Het werd een groot succes. Later kwamen de Dolly Dots.

Hij herinnert zich nog dat hij zich eens afvroeg of hij het wel leuk zou vinden als hij zijn gehele leven föhns zou verkopen. 'Als je het maar heel leuk verpakt, dan beleef je er zelf ook nog plezier aan,' zei moeder. Een les voor later.

De Franse eigenaar van Babyliss besloot zijn bedrijf aan Amerikanen te verkopen en vroeg Aad of hij met zijn zelfstandige vestiging in Nederland mee wilde in de verkoop. 'Hij heeft zijn bedrijf nooit aan mij te koop aangeboden. Ik kwam er later achter dat er veel lijken in de kast zaten. Die wilde hij mij besparen. Overjarige modellen, te dure nieuwe modellen, en zovoort. In feite beschermde hij mij. Hij gunde mij een betere start,' aldus Aad. Hij verkocht zijn Babyliss.

Die betere start werd in 1994 Princess. Het merk voor alle kleine huishoudelijke apparatuur. De naam Princess was al een schot in de roos. De merknaam wordt zelfs in China met plezier geaccepteerd. In iedere keuken hoort een Princess thuis. In alle talen te gebruiken en het merk werd ook in tal van landen gedeponeerd. Aad ging zijn Royal Twin, Smart Coffeemaker, Classic Table Chef en de Magic Handsfree Hairstyler maken. En nog zo'n achthonderd producten vanaf het begin en nu, in 2008, 430 producten, waarvan de meeste door Princess zelf werden ontwikkeld. Een föhn kon hij pas gaan maken, toen zijn concurrentiebeding bij Babyliss was afgelopen. De ontwerpen zijn Nederlands, de fabricage vindt plaats in China waar hij een eigen fabriek en een aantal joint ventures bezit. Het grote voordeel van die vele producten is dat hij als enige zowel aan de Bijenkorf als aan Blokker leveren kan. 'Want je moet natuurlijk niet hetzelfde artikel zowel bij de Bijenkorf als Blokker verkopen. We hebben nu verschillende segmenten.'

De vervaardiging in China verloopt niet zonder problemen. Er wordt veel gekopieerd. De handelswetgeving is nog in ontwikkeling en kan de snelle economische ontwikkeling van staatscommunisme naar vrij ondernemerschap amper bijhouden. Nog steeds zijn er (oude) rechters die de staat bij voorbaat gelijk geven. Aad heeft een uitstekende Chinese advocaat, die als er een geschil met de overheid is, de zaak voor een jonge rechter probeert te brengen. Ook de wetgeving verloopt willekeurig. Plotseling werden er een paar maanden voor aanvang van de Olympische Spelen geen visa meer verstrekt. Een onmogelijke zaak voor een bedrijf met kantoren in Hongkong, Shenzhen en Shanghai. Aad heeft een visum voor een jaar. Dat loopt in oktober af. Zijn directeur in China had ook een visum voor een jaar, maar dat liep net even voor de Spelen af en er kwam voorlopig geen nieuw. 'Mijn directeur kan China niet in. Hoe vind je dat? In Peking werden alle fabrieken tot in de wijde omgeving voor drie maanden stilgelegd. In verband met de Spelen. Je zult er maar net een fabriek gekocht hebben. Geen omzet en geen producten.'

'De arbeidsomstandigheden worden er steeds beter en dat is natuurlijk een goede zaak, maar het maakt het wel duurder. Men besloot onlangs een veertigurige werkweek in te voeren, wat grote gevolgen heeft voor de productie en de personeelsbezetting. Ik denk dat het over zo'n vijf à tien jaar voor ons in China afgelopen is. Ze zullen daar te duur worden. Bovendien hebben ze alles en iedereen nodig voor de snel stijgende binnenlandse consumptie. Ze schreeuwen om personeel dat nu al moeilijk te vinden is. Er vindt daar zo'n enorme economische explosie plaats, daar heeft niemand enige weet van. In Shanghai wordt alles volgebouwd. Ik ben in Oost-Europa gaan rondkijken naar de mogelijkheden. Mijn nieuwste multifunctionele koffieapparaat wordt al weer in het voormalige Oost-Duitsland gemaakt. Luister nou eens, in een normaal land kun je toch niet van de ene op de andere dag zeggen: er komt niemand meer in. Mijn directeuren konden ineens niet naar mijn bedrijven. En wie beslist van de ene dag op de andere dat de bedrijven drie maanden dicht moeten? Of dat je drie dagen geen elektriciteit krijgt?' Dit terwijl Ouborg al vanaf 1986 in China zat. 'Mijn Babyliss stond volkomen los van de fabriek in Frankrijk. Wij waren onafhankelijk en ik liet Babyliss toen al maken in China.'

Aad Ouborg maakte naam met het feit dat al zijn Princessapparatuur in chroom werd uitgevoerd. Ook weer een gouden (chromen) greep. Plotseling bleek chroom een trend te worden en werden er zelfs weer chromen keukens gemaakt. Hij werd alsmaar bekender. Het begon met eenvoudige shirtreclame voor de plaatselijke hockeyclub. Daarna de sponsoring van de Bredase voetbalclub NAC, die niet zo leuk eindigde. Maar in die tijd deed NAC na dertig jaar voor het eerst mee in de Europacup, en dat was met Princess. Aad voelde zich voor de gek gehouden. 'In de tijd dat NAC financieel bijna aan de grond zat, heb ik mijn nek uitgestoken. Ik heb fors in de club geïnvesteerd, omdat het de club van mijn stad is. Toen kwam er een commissie van wijze heren onder leiding van Jos Staatsen. Hij sprak met iedereen behalve met de hoofdsponsor, dat was ik. Hij riep van alles in de krant, maakte een reorganisatieplan waarvan niets is uitgevoerd en stuurde een rekening van zeven ton! Nou, daar werd ik erg boos van. Als het ergens niet goed gaat, ook bij ons, moet je er niet meteen mensen gaan uitgooien, je moet gewoon meer omzet realiseren. In dit geval voor meer sponsors zorgen.' Aad ontplofte toen er plotseling een automerk in plaats van Princess op de shirts verscheen, terwijl het contract al weer getekend was. Hij dwong af dat hij nog twee jaar gratis Princessreclame in het stadion mocht maken, maar heeft er nooit meer een voet binnen gezet.

Veel beter ging het met Circus Renz. Het circus zat na het overlijden van de eigenaar in grote problemen doordat erfgenamen geld wilden zien. Tijdens een interview voor de radio werd Aad gevraagd of hij dat circus niet kon redden. Het bedrijf van Aad was toen nog klein. Hij had Babyliss verkocht en begon net met Princess. Hij ging er meteen op af en zag mogelijkheden. Hij had een woonwagen –'een Mamaloewagen' zegt hij zelf – gekocht en reisde een tijdje mee met het circus. Hij ontving er zijn relaties en de inkopers genoten daarvan. Ze wilden zelfs niet eens in een duur restaurant onthaald worden en vonden het leuker met een zak popcorn op de tribune naar het circus te kijken. Het merk Princess werd er bekender door. Het circus is nu allang uit de rode cijfers. Maar de vriendschap blijft. Soms komt het circus naar Breda en blokkeert de karavaan de straat. 'Ze gaan ook wel naar scholen in de omgeving of spelen op mijn verzoek voor gehandicapten. Dat is allemaal erg leuk. Ook kun je bij aankoop van onze producten kaartjes voor het circus winnen of drie dagen met het gehele gezin meewerken in het circus.'

Aad Ouborg geniet van de showwereld en het entertainment. Eens zei hij in een interview dat hij best de opvolger van showmaster Willem Ruys had willen worden, die van de KRO naar de VARA ging. Helaas werd Frank Kramer uitverkoren, want de KRO wilde een nieuwe showmaster. Bij een presentatie zingt Aad soms zelf een lied of doet net alsof hij de tekst kwijt is. Hij vraagt hulp van tussen de coulissen en dan komt plotseling iemand als Paul de Leeuw tevoorschijn en neemt het zingen over...

Hij omringt zich met artiesten, die hij de ambassadeurs van 'Princess' noemt. Dat zijn beroemdheden als Tonny Eyk, of de Belg Dré Steemans (Felice), een grote naam van de Vlaamse tv, of de beroemde Libanese kok Ramzi, of onze grote kok Cas Spijkers, die overal ter wereld de Princess tafelgrill demonstreert en dan plotseling alle talen blijkt te spreken. Via Tonny Eyk ontmoette hij Rudi Carrell, een legende in Duitsland. Aad had net een ministofzuiger ontwikkeld, die je als een rugzakje droeg. Hij gaf 'der Rudi' de kleine stofzuiger cadeau. Diezelfde avond nog gebruikte Carrell het stofzuigertje al in zijn show, die door miljoenen Duitsers bekeken werd. Hij zoog er iemand uit het publiek mee omhoog naar het podium. De mooiste reclame die je je maar kunt indenken. En daar is niet voor betaald. Dat kostte geen cent. Daarna kwam de verkoop in Duitsland op gang.

Ouborg geeft weinig geld uit aan reclame. Maar heel veel aan 'events', grote feesten, prachtige reizen, topentertainment. Hij brengt zo maar honderd man naar Hongkong in een tophotel. Laat straten afsluiten voor een tulpenfeest. Vaart met een Chinese jonk op de wateren, terwijl Cas Spijkers een toplunch verzorgt. Hij nodigt heel veel journalisten uit, vaak met partner. Hun verhalen brengen de publiciteit, die anders gekocht zou moeten worden op de advertentiepagina's en nu een veel hogere attentiewaarde heeft.

Legendarisch is de reis naar de Nederlandse Antillen voor de verkiezing van het Princess Model van het Jaar, een idee van Paul Huf. Met grote strandfeesten op Curaçao en toppubliciteit in de bladen. Ouborg zorgt ervoor dat er ook bekende Nederlanders meereizen, zoals prins Carlos, Jaap Rost Onnes en zijn Mary, mr. Pieter van Vollenhoven, Gordon en Gerard Joling. Gordon verzorgde zijn radio-uitzending live vanuit een suite in het Sheraton-Hongkong. Genoeg om over te schrijven voor de meereizende pers. Geen advertenties. Ondernemen is entertainen. Ook nam hij een grote groep mee naar de Olympische Spelen en dook hij op in talrijke kranten en bladen. Er werden ook regelmatig tv-opnamen van Aad en zijn hofhouding gemaakt. Hij wilde met 100 man, doch kreeg slechts 35 kaarten. 'De meeste grote bedrijven in Nederland kregen niet meer dan 8 kaarten. Ik heb mijn 35 kaarten over de gehele wereld bij elkaar gesprokkeld. Ik vierde 25 jaar ondernemen/entertainen en had graag meer gasten meegenomen.' Niet dat Aad zelf zo'n partyhopper is. Hij gaat zelf zelden naar recepties, feesten en galavoorstellingen. Maar voor zijn Princess doet hij alles.

'Relatie-event-marketing' noemt hij het zelf. Hij beleeft er zelf veel lol aan. 'Ik wil lachend het leven door. Anders houd ik het helemaal niet vol. Alles wat ik doe, vind ik echt heel leuk.' Hij koopt een hotel – naast het golfveld – in de Oostenrijkse wintersportplaats Seefeld en op Phuket In Thailand. Hij begint een loterij onder zijn kopers. Ze kunnen een miljoen (!) euro winnen als ze een Princess kopen. Nog nooit vertoond in Nederland. 'Als je omzet van een product dan met driehonderd procent stijgt, kan het er makkelijk vanaf.' De eventuele winnaars werden met de super de luxe maandprijzen gefilmd door de Staatsloterij. Voor het eerst kon de Staatsloterij een aankomend miljonair volgen en dat betekende twaalf prachtprogramma's voor Princess.

Er zijn evenementen, die niets hebben opgeleverd of waar zelfs op is toegelegd. Maar Aad vindt dat je niet alles om geld moet doen. Uiteindelijk moet er natuurlijk wel verdiend worden, maar hij ziet het ook als een levensstijl. Dat het op de tv komt en de relaties zijn acties (je kon onder meer een villa winnen) afnemen, vindt hij belangrijker dan geld verdienen. 'Adverteren, daar doen wij niet aan. Dat is ouderwets, dertien in een dozijn en niet effectief. Het past niet bij Princess. Wij creëren nieuws en genereren zo publiciteit. Wat is nou leuker dan een geweldig feest organiseren met leuke mensen?,' zo vertelde hij in het *Ondernemers Belang*.

Feit is dat zijn bedrijf alsmaar groeit en dat het verdiende geld weer in het bedrijf gestopt wordt. Zelf leeft hij eenvoudig. Hij woont nog steeds in hetzelfde huis als vroeger, alleen is er wat aangebouwd, want Aad en Dorien hebben inmiddels vijf kinderen. Die kinderen gaan ook mee op reis, als het kan. Ze worden nauw betrokken bij het bedrijf en treden zelfs zo nu en dan op. Dorien zag dat in het begin helemaal niet zitten, maar begrijpt inmiddels dat het volgens haar echtgenoot niet anders kan en dat de kinderen er ook echt plezier

Aad Ouborg reist met vier Princess-ambassadeurs over de hele wereld om reclame te maken voor zijn huishoudelijke apparatuur. V.l.n.r. pianist-componist Tonny Eyk, de Belgische tv-presentator Felice (Dré Steemans), Aad Ouborg, chef-kok Cas Spijkers en de grote culinaire tv-ster van het Midden-Oosten Ramzy uit Libanon.

in hebben. Zij treedt met een sympathieke bescheidenheid in de publiciteit en hun oudste zoon bemoeit zich naast zijn studie steeds meer met vaders bedrijf.

Dorien is een verhaal apart. Aad kan niet voldoende de loftrompet over haar steken en hij heeft gelijk. Zij is puur en eerlijk. Heeft na vijf kinderen nog het figuur van een jong meisje. En is wars van iedere aanstellerij of opschepperij. Dorien is tandarts, maar daar loopt zij niet mee te koop. Ze heeft zich gespecialiseerd in het behandelen van kinderen. Als iemand zegt: 'Wat hoor ik, ben jij echt tandarts?' Dan zegt zij: 'Ja, maar ik heb nooit een eigen praktijk gehad.' Dat klopt, zij werkte altijd in andermans praktijk. Maar dat hoeft ze niet te zeggen. Deze opmerking maakt haar zeker niet groter. Eerder een beetje kleiner. Maar het is de waarheid en die spreekt zij. Zij voedde de kinderen op, die ondanks het succes van pa volstrekt normaal zijn gebleven. En de hoogst enkele keer dat zij tot opscheppen neigen, weet moeder hen te vinden.

Zijn huis heeft Aad Ouborg altijd privé weten te houden. Daar kwam geen fotograaf of filmer binnen, hoewel laatst Ivo Niehe met zijn camerateam wel wist binnen te dringen en dat met gepaste trots vermeldde. Als je veel succes hebt, ontkom je niet aan roddel. Zo zei de VARA dat Princess de meereizende artiesten daarvoor dik betaalde. Het kon niet dat ze zomaar meereisden voor de lol en de gezelligheid. 'Dat is niet waar. Wij betalen niemand, tenzij ze voor ons werken. De artiesten krijgen een gezellige reis naar verre oorden aangeboden en hebben dan ook de gelegenheid hun CD te promoten of interviews te geven aan de meereizende pers en hun de laatste nieuwtjes te vertellen. Wij betalen niets, tenzij ze voor ons werken. Het is goed voor de journalisten, het is goed voor de artiesten en sporters en het is uiteindelijk ook goed voor ons. En zo doen wij onze zaken. De verslaggever heeft vier dagen rondgelopen op een reis naar Marbella, heeft iedereen ondervraagd en uiteindelijk een heel positief verhaal geschreven in de VARA-gids, een prachtige paginalange reportage.'

Even gelukkig als met het aantrekken van artiesten voor zijn promotie is Aad Ouborg met het sponsoren van sporters. Zwemster Inge de Bruijn liep de deur bij hem plat om hem als sponsor te krijgen. Aad vond haar een leuke meid en ging uiteindelijk mee. Ze haalde overal goud. Bovendien ziet ze er aantrekkelijk uit. Bijna een fotomodel. Soms stond er op haar badmuts Princess in een race die over de gehele wereld werd uitgezonden. Toen ze als gast meeging op een reis naar China, stortte de Chinese pers zich op de kersverse Olympische kampioene. En de snelle Gordon zorgde daar weer voor de nodige humor. Toen prins Carlos hem vroeg of hij een drankje voor de zanger kon halen, antwoordde die: 'Geef mij maar een Marguerita.' Het was net in de tijd van de perikelen van zijn zuster Marguerita met De Roy van Zuydewijn, die tegenwoordig Berooid van Zuipesteyn wordt genoemd. Prins Carlos kon een glimlach nauwelijks onderdrukken.

Aad heeft vier zusjes en daar is hij de spil van. Zijn tweelingzusje Els is mededirecteur en zijn steun en toeverlaat in het bedrijf. Zij is de stille kracht. Hij reist de helft van het jaar en zij zorgt voor het thuisfront. Hij is de steun en toeverlaat van de familie. Geen enkel leed werd hen gespaard. Maar bij al die nare ervaringen stond Aad als een rots in de branding. Iedereen kon altijd een beroep op hem doen. Aad gaat erop af en helpt waar te helpen valt. Ook overleden zijn vader en zijn moeder en dat allemaal in korte tijd. Leed wordt hem niet bespaard. Dat kost veel energie. Het kan een mens opvreten. Aad gaat het niet uit de weg.

De artikelen van Princess zijn inmiddels in 75 landen te krijgen. Hij heeft kantoren en distributeurs over de gehele wereld. Zoals de meeste echte ondernemers klaagt hij niet over de belastingen. Hij is wel zeer ontevreden over de regelgeving. 'Het is zo een wirwar van wetten. Ik heb daar nooit gebruik van gemaakt.' Zo vroeg hij nooit om subsidie. 'Man, daar heb ik helemaal geen tijd voor. Ik krijg al koppijn als ik die bureaucratische rotzooi aanschouw. Wat moet ik ermee. Men zou zo snel mogelijk de zaak moeten stroomlijnen. Voor jonge ondernemers met briljante ideeën en geen geld is het bijna onmogelijk een zaak te beginnen. Als men het ondernemerschap – en dus de welvaart en de werkgelegenheid – wil bevorderen, moet de hele rambam op de helling. Zo snel mogelijk,' aldus Aad, die al eens tot Ondernemer van het Jaar is gekozen.

'De productie is al bijna helemaal weg uit Nederland. Onze kennis op het gebied van de vliegtuigbouw, de scheepsbouw en de elektronica zijn verkocht. We zijn zo stom geweest om via joint ventures in China al onze kennis over te hevelen. Straks moeten wij heel veel betalen voor hun producten. Als je ze krijgt... want de binnenlandse vraag neemt enorm toe. Zij hebben ons niet meer nodig.'

Als hij tegenwoordig over beurzen in China loopt, maakt hij altijd een ronde met zijn advocaat. En altijd zijn er stands met zijn gekopieerde artikelen. 'Je wordt er gek van. We halen ze meteen van de plank. Soms staat er zelfs gewoon Princess op. Maar je moet het de daaropvolgende dagen goed in de gaten houden. Anders staan ze er weer.'

Maar Aad doet nog veel meer. Hij is gek op Breda en koopt er historische panden die hij zonder subsidie opknapt en een bestemming geeft. Zoals dat mooie koetshuis van kasteel Wolfslaar, waar een prima restaurant in is gevestigd. Zo heeft zijn onroerend goedpoot al 28 beeldbepalende panden in Breda in eigendom. Ook heeft Aad een eigen productiemaatschappij voor musicals en een platenlabel Princess. Hij ontwikkelt een vakantiepark op Phuket in Thailand waar hij al een villa/hotel bezit en hij is actief op Curaçao en in Oostenrijk, waar hij eigenaar is van het Princess Hotel Bergfrieden in Seefeld.

De toekomst van het bedrijf, daar is Aad het nog niet over eens met zichzelf. Zijn zoon Tim studeert ijverig, maar hij vraagt zich af of hij dit zijn zoon kan aandoen. 'Ik ben met niks begonnen, heb jarenlang ervaring. Heb ook periodes gekend dat ik amper te eten had. Dat ik ieder dubbeltje moest omdraaien. Ik ben er nog niet uit. Het is niet niks.'

Dirk Scheringa

Van politieagent tot een eigen Dirk Scheringa Bank

Ze zeggen vaak over ons land: als je met je hoofd boven het maaiveld uitsteekt, wordt het afgehakt. Pogingen hiertoe ondervindt de nieuwe bankier Dirk Scheringa aan de lopende band. Nu steekt zijn hoofd ook wel een erg stuk uit.

Begonnen als agent (toen nog wachtmeester bij de rijkspolitie) in het Noord-Hollandse Spanbroek, is hij nu miljardair met een eigen DSB Bank. Dirk Scheringa Beheer (DSB) is een financiële dienstverlener en verzekeraar. Het begon allemaal met de oprichting van zijn Buro Frisia in 1975. Hij hielp collega's bij de politie met het invullen van hun belastingformulieren en dat liep lekker. Tegelijk kreeg hij steeds meer moeite met zijn leven als diender. Een jonge agent leidt een zwaar leven en moet vaak à la minute beslissen over leven en dood. De enorme verantwoordelijkheid waarvoor zo'n jongeman kan komen te staan, ontgaat de eenvoudige burger. Dirk vond het werk schitterend.

Een enkele keer werd het hem teveel. In een week werd hij bij een aantal ernstige ongelukken geroepen. Er waren mensen die in zijn armen stierven. Hij kon ze niet redden. Toch was dat niet de reden dat Dirk ontslag nam als politieman. Dat had vooral te ma-

Dirk Scheringa legt de eed af als wachtmeester
bij het dan nog bestaande korps Rijkspolitie.

ken met de gedachte: ik leef maar één keer en dan wil ik toch iets voor mezelf beginnen. Hij ging met zijn echtgenote Baukje het avontuur aan.

Vanuit zijn zolderkamer begon hij zijn financieel adviesbureau Frisia. Hij studeert verder en haalt verschillende diploma's. Zijn adviezen bij leningen en hypotheken en het verstrekken van kredieten nemen een grote vlucht. De groep heeft inmiddels wel een kleine honderd bedrijven en merknamen onder haar vleugels. Buro Frisia is DSB groep NV geworden. Frisia, Postkrediet, Lenen.nl en Becam zijn als bedrijfsnamen waarschijnlijk het bekendst bij het grote publiek. En de DSB Bank uiteraard, die groeit als kool omdat er met weinig overheadkosten betere voorwaarden voor de geachte cliëntèle geschapen kunnen worden.

Bovendien werd Dirk Scheringa ook nog eigenaar van de voetbalclub AZ, van een schitterend museum vol magisch realisme, van een schaatsploeg en van nog veel meer. En daar begint het gelazer. Zeker als je je met profvoetbal bemoeit en in Nederland de enige eigenaar van een voetbalclub bent. Eens was voetbal een elitesport met een jonkheer op doel en twee artsen in de voorhoede. Die tijd is voorbij. Voetbal werd nog even een mooie volkssport en op oude filmbeelden zie je een heel stadion vol zitten met keurige mannen met hoeden op, vergezeld van hun enthousiaste zoontjes. Luid juichend bij ieder doelpunt en applaudisserend voor een mooie prestatie van de tegenstander. Dat is lang geleden.

De hooligans kwamen. Voetbalwedstrijden werden een risicofactor. In Tilburg werden bumperstickers gemaakt met de tekst: 'Ik rem niet voor Dirk Scheringa.' Aanleiding was het vertrek van weer enkele Willem II-spelers naar AZ. Scheringa maakt zich dan toch ongerust 'omdat de actie een kwade geest op heel forse wijze zou kunnen aanmoedigen tot bedreigende actie'. Op een andere site wordt geschreven: De DSB Bank staat voor Dirk Scheringa Beheer Bank. De DSB Bank heeft als logo een gestileerde schaatser omdat Dirk Scheringa zelf een fervent schaatser is, die tweemaal de Elfstedentocht uitreed. Een logo dat doorzettingsvermogen, dynamiek, sportiviteit en winnen symboliseert. De naam Scheringa staat niet alleen voor financiën. Daaronder staan zeer subtiel de zinnetjes: 'Een vuile vieze oplichter is het. Ik hoop dat hij met schaatsen een beroerte krijgt, die teringhond.' Er heerst in Nederland op zijn zachtst gezegd een wat merkwaardige mentaliteit als je succes hebt, volgens Scheringa. 'Er heerst afgunst. Waarom heeft hij het wel en ik het niet? In Amerika heerst er bewondering voor het succes. In Nederland gaan veel mensen kijken hoe ze je kunnen afbreken. Dit in plaats van: "Ik ga ook mijn best doen, dan bereik ik ook wat." Een beetje apart hè, zo'n reactie.' En er wordt geroddeld. Scheringa zou mensen in de problemen hebben gebracht door ze gemakkelijk te lenen.

'Dit is volslagen onzin,' zo zegt hij zelf, 'het zal duidelijk zijn dat het niet in ons belang is geld te lenen aan mensen die de lening niet terug kunnen betalen. De politiek doet het wel eens voorkomen dat je ons maar hoeft te bellen en je krijgt zomaar je geld. Die indruk willen wij beslist niet wekken.' Volgens insiders wordt negentig procent van de aanvragen voor een lening geweigerd. Waarbij het natuurlijk helpt dat je meerdere bedrijven op deze kredietmarkt hebt. Als het bij de een niet lukt en het bij de ander wordt geprobeerd, dan hoeft het onderzoek niet weer helemaal opnieuw te beginnen. Het is bekend waarom de klant bij het andere bedrijf werd afgewezen. Ook is het zo dat als iemand toch echt in de problemen raakt, hij of zij persoonlijk thuis wordt opgezocht om te zien wat de mogelijkheden zijn om er samen uit te komen.

Tot zijn klanten behoren vrijwel geen mensen in vrije beroepen. Hij leent het liefst aan mensen in loondienst, zodat er eenvoudig loonbeslag gelegd kan worden bij niet terugbetaling. Dat laatste wordt ontkend. 'Hij zat altijd op de particuliere markt,' zegt zijn voorlichter Klaas Wilting, 'want mensen die een bedrijf of een vrij beroep hebben, daar moet je veel informatie van hebben, zoals jaarrekeningen en dat soort zaken. Vanaf het begin heeft hij zich uitsluitend op de particuliere markt begeven en daar is hij in gespecialiseerd.' De rente die de mensen betalen ligt lager dan bij andere banken. Maar er wordt altijd geprobeerd een levensverzekering te slijten en dan verdwijnt veel van dat voordeel. Er is echter geen koppelverkoop, dat is verboden. Mensen hoeven helemaal geen verzekering af te sluiten. Alleen de zorgplicht geeft aan dat duidelijk gemaakt moet worden dat mensen door overlijden, geen werk en dergelijke in de problemen kunnen komen. 'Als ze een verzekering willen afsluiten, mag dat overal en het hoeft niet bij de DSB,' aldus Wilting.

Het percentage klanten dat niet meer kan aflossen, ligt bij Scheringa aanzienlijk lager dan bij andere kredietverstrekkers. 'Er is veel jaloezie en nijd bij de grote banken,' zo zegt de voormalige bewindsman van Financiën drs. Gerrit Zalm, 'ze zien DSB groeien en bloeien en dan wordt er al snel geroddeld en kwaad gesproken.' Gerrit Zalm is nu zelf twee dagen per week betrokken bij de bank en heeft een kamer naast Scheringa. Hij vergrootte het vertrouwen in de DSB Bank, waar nieuwe spaarders toestroomden.

Het doel is van de DSB Bank de beste consumentenbank te maken. 'Voor de doorsnee Nederlander, zoals ik,' zegt Scheringa, veelvuldig miljonair, lachend, 'dus de eerste hypotheek voor een huis, de fietsverzekering, de spaarrekening. Wij hebben weinig overheadkosten dus wij kunnen een hoge rente geven op onze depositorekening, internetspaarrekeningen en op de betaalrekeningen natuurlijk.'

Hierbij werkte de komst van oud-minister van Financiën Gerrit Zalm versterkend. Zalm benaderde zelf Scheringa. Aanvankelijk zat hij twee dagen in de week als hoofdeconoom in de kamer naast Scheringa, die dat 'heel gezellig' vindt. 'Het contact is hartelijk. Hij heeft een brede kennis en een verfrissende kijk op het bedrijf.' En het bekende gezicht werkt. 'We krijgen spontane hypotheekaanvragen, leningaanvragen en zomaar sollicitaties van mensen die bij ons willen werken.' Al gauw stootte Gerrit Zalm door naar de raad van bestuur.

Het gaat goed met de bank. Uiteraard zijn er wat problemen, onder andere met de AFM, de Autoriteit Financiële Markten, waar een partijgenoot van Zalm, oud-minister Hans Hoogervorst thans directeur is. Dan gaat dan meestal om de tv-spotjes. Daar hoort altijd een regel onder over de voorwaarden en dat regeltje is soms niet te lezen. 'Dan zitten we wel te puzzelen hoe we dat op moeten lossen.'

Dat puzzelen gebeurt dan in drie gelijkvormige gebouwen aan de A-7 bij Hoorn. De beeldbepalende panden zijn ontworpen door het architectenbureau Alberts en Van Huut en dragen de namen Basiliek, Kathedraal en Citadel. De naamgeving is in navolging van het prachtig gerestaureerde franciscaner klooster in Wognum, waar de zeer gereformeerde Scheringa eerst zetelde. Het klooster werd te klein, maar is nog steeds in gebruik. De nieuwbouw wordt trouwens ook al weer te klein. Zo hard gaat het. De panden zijn opgetrokken uit natuurlijke materialen als baksteen en koper, omgeven door groen. Je herkent een beetje de antroposofische invloed op de aparte gebouwen van het ING-hoofdkantoor in de Amsterdamse Bijlmer.

Dirk, zoals iedereen hem aanspreekt, zetelt met zijn raad van bestuur (Gerrit Zalm, Hans van Goor en Reggie de Jong) in het middelste gebouw, de Kathedraal. Het gebouw heeft van binnen een vriendelijke, rustige zalmroze kleurstelling. Hier en daar hangt een fotocollage van AZ met in het midden een extatische Louis van Gaal. Niet alleen de receptioniste, maar iedereen in dit gebouw heeft het over 'Dirk' en spreekt hem zo aan. 'Als ze "u" tegen mij zeggen, begin ik ze te wantrouwen. Of je nou het gras maait of de koffie rondbrengt, ik ben niets meer.' Maar er is geen twijfel mogelijk wie de baas is.

Dirk Scheringa is op 21 september 1950 in Grijpskerk geboren. Zijn vader was kaasmaker, later chefkaasmaker. Het was thuis zeker geen vetpot. Zijn vader won regelmatig prijzen met zijn kaas en veranderde ook nog al eens van betrekking voor een paar gulden meer. Hij ging naar Veenwouden of de Wilp. Dat betekende dat Dirk in het

Friese, Groningse en Overijsselse grensgebied, de ene keer op een Friese school en de andere keer op een Groningse of Overijsselse school zat met totaal verschillende dialecten en talen. Hij bezocht vier verschillende lagere scholen en ging drie keer voorwaardelijk over. 'Dat zal ik mijn twee jongens (23 en 19) nooit aandoen.'

Hij ging naar de mulo in Wolvega waar hij een negen haalde voor rekenen, maar heel slecht in zijn talen was. Hij had er een leuke tijd. 'Zaterdag werkte ik er bij de bakker. Van zeven tot zeven voor tien gulden. Alle afstanden werd per fiets afgelegd.' In de derde klas ging hij van de mulo af. Hij wilde het liefst naar de detailhandelsschool, maar zijn ouders konden de vijftig gulden per maand reiskosten niet betalen. Een aantal baantjes volgde. Hij kwam bij het eerste bedrijf, een carrosseriefirma, die had geen werk. Vervolgens bij een bedrijf dat elektrische dekens vervaardigde, daar was ook geen werk. Bij een derde bedrijf was het raak. Onze Dirk werd aangenomen bij een meubelfabrikant. Daar moest hij de meubels in de was zetten. Een vriendelijke oude baas waarschuwde hem: 'Jongen, je moet hier niet blijven. Je hebt hier geen toekomst.'

Na twee maanden werd er weer verhuisd. Vader werd kaasmaker in Oudwoude. Scheringa beschouwt zichzelf als 62,5 procent Fries en 37,5 procent Gronings. 'Ik was vijftien jaar en ging werken bij een drukkerij in Kollum als leerling-handzetter.' Hij moest ook zo nu en dan naar de Grafische School. In het grafische vak werd veel met lood gewerkt. De jonge Dirk kreeg loodvergiftiging in zijn mond. Hij laat graag vol trots zijn zethaak zien, een mooi stuk gereedschap van een handzetter, dat een vaste plek heeft op zijn kantoor.

Het grappige is dat het grafische vak het enige is met een 'closed shop'. Dat komt uit het Engels en betekent dat je alleen je vak kunt uitoefenen als je lid van de vakbond bent. In ons land kreeg alleen de Grafische Bond dat voor elkaar. Zo werd Dirk Scheringa verplicht lid van het CNV, ontmoette Hannie van Leeuwen en Lau de Graaf, volgde er cursussen in spreken in het openbaar. Hij ging naar avondcursussen voor het middenstandsdiploma, werkte bij de

Kollummer Courant en richtte een jongerenafdeling op van het CNV, waar hij voorzitter van werd.

Hij ging bij een accountantskantoor werken en werd assistent-accountant. Toen ontmoette hij bij de kerk in Damwoude een leuke jonge vrouw, het verpleegstertje Baukje de Vries. Hij trouwde op 16 november 1973 met haar in Dantumadeel. Hij was 23 en Baukje 22. Zij zijn nog altijd even gelukkig met elkaar. 'Ik ken haar nu veertig jaar,' aldus Dirk.

Tijdens zijn dienstplicht bij de geneeskundige troepen kwam Dirk in contact met academici, artsen, tandartsen en sociologen. 'Het viel mij op dat ik meer wist dan zij. Ik was niets minder. Ik had kwaliteiten.' Het versterkte zijn zelfvertrouwen. 'Vader was bij de reservepolitie en ik solliciteerde na mijn diensttijd bij het Hoofdbureau van Politie in Amsterdam. Er waren veertig kandidaten. Twee, onder wie ik, bleven over. Hetzelfde gebeurde bij de rijkspolitie, van de honderd bleven we met z'n zessen over. Ik ging een jaar naar de politieschool in Apeldoorn. Ik leerde daar boksen, judo en andere sporten en slaagde bij de beste tien. Ik werd in zo'n pak gehesen en als jongeman van 23 in Spanbroek gestationeerd. Er zijn hier in Wognum genoeg mensen die mij nog als politieagent kennen. Met mijn vrouw begon ik belastingformulieren in te vullen en dat is uit de hand gelopen.'

Hij haalde zijn makelaarsdiploma en studeerde ook nog een jaar rechten. Hij werd voorzitter van de Juniorkamer.

Als je met Dirk Scheringa praat, heeft hij iets afstandelijks. De mensen moeten niet te dichtbij willen komen. Hij praat rustig en zacht over passie en vuur voor zijn werk. Jaren geleden lunchte ik eens met het echtpaar en hun toenmalige commissaris Tjerk Westerterp. Na afloop bezochten wij zijn museum dat toen nog Frisia heette. Scheringa verbouwde de plaatselijke school en hing daar zijn unieke collectie van schilderijen uit het interbellum op. In Amerika is dat heel gewoon, in ons land niet – op het Kröller-Müller museum op de Hoge Veluwe na.

'Ik zat in een commissie van de Juniorkamer, waar ook kunstverzamelaar Vincent Vlasblom in zat. Hij nam ons mee naar een veiling. "Tjonge, jongen, dat is het," dacht ik toen ik het werk van Willink zag. Op die veiling werden een schilderij en een tekening van Willink aangeboden. Het schilderij vond ik te duur. Dat bracht geloof ik veertigduizend gulden op. De tekening was vierduizend. Ik dacht: "Die tekening moet kunnen, dat andere wordt te gek."' Maar een jaar later, de zaken gingen goed, zag hij op de KunstRai het schilderij 'De Indische Dame' van Willink hangen. 'Dat vond ik zo mooi, zo fijn geschilderd, met die netkousen aan. Dat heb ik toen meteen gekocht.' Het kostte een paar ton. 'Dat was heftig, maar ik vond het zo mooi.'

Op een gegeven moment had hij tientallen Willinks, maar ook de magische realisten Pyke Koch, Jan Mankes, Co Westerik, Dick Pieters, Barend Blankert, Salvador Dalí en René Magritte. 'Ik heb wel vijftig favoriete schilderijen, allemaal figuratief. Met abstracte kunst heb ik helemaal niets. Daar snap ik niks van en eerlijk gezegd vind ik het eigenlijk ook geen kunst. Dat zou ik ook kunnen.' Bij hem thuis hingen alle wanden van de woonkamer, slaapkamer en keuken vol. Toen kocht hij het plaatselijke schoolgebouw, dat al jaren leeg stond.

'Kijk, ik ben als arbeidersjongen geboren en ben eraan gewend dat als je tien cent verdient aan een klant, je er twee terug geeft aan de samenleving. Dat doe ik door middel van sport, zoals schaatsen en voetballen, en door de kunst. Ik wil het met zoveel mogelijk mensen delen. Dat die er ook vreugde aan beleven. Scholen hebben gratis toegang tot mijn museum en we geven de kinderen dan ook nog limonade. We proberen de kunst laagdrempelig te maken en iedereen ervan mee te laten genieten.'

Inmiddels heeft Scheringa in het vlakke polderland bij Opmeer een nieuw museum geprojecteerd. Herman Zeinstra is de architect van het nieuwe Scheringa Museum voor Realisme dat zal worden opgetrokken uit baksteen en gewapend beton. Het wordt een majestueus huis in drie delen verbonden door een centrale as. Er is een openbare ruimte, waarin voor iedereen toegankelijk zich de museumwinkel, het museumcafé en overige voorzieningen bevinden. Daarboven een verdieping voor de kantoren en de bibliotheek. Daarachter bevindt zich het huis van de collectie, de goed afgeschermde grote museale ruimte waar de kunstwerken hangen. Dan is er nog het gastenhuis, het achterste gedeelte van het museum dat ruimte biedt aan wissel- en gasttentoonstellingen. Men kan er grote en kleine ruimtes maken, zodat de conservatoren zich helemaal kunnen uitleven. In dit museum, dat medio 2009 open gaat, zal de nog immer groeiende collectie van 1.200 schilderijen en tekeningen een waardig onderdak vinden.

Wat ziet een scherpe zakenman als Dirk Scheringa in kunst? ‘Kunst is wat anders dan een voetbalwedstrijd. Het is duurzamer. Je kunt er dus heel lang en heel vaak van genieten. Het heeft een fantastische geestelijke rijkdom en kwaliteit. Een prachtig doelpunt is meer directe emotie. Ik heb het gevoel dat mensen die iets met kunst hebben warmere mensen zijn. Ik geloof dat de creatieve, warmere, gevoelsmatige kant meer ontwikkeld is bij kunstmensen. Ik praat veel met ze en dat geeft altijd een warmere sfeer, hartelijk. Dat komt ook door het onderwerp. Het is geen brood en heeft niets met concurrentie te maken of met elkaar de loef afsteken. Vaak zijn het ook wat andere mensen dan iemand die alleen maar geld wil verdienen of stratenmaker is. Die hebben misschien andere interesses.’

‘Ik houd van het perfecte en van dat fijne in schilderijen. Het magische zorgt voor dat stukje spanning. Bij magisch realisten gaat het erover dat onwerkelijk is wat er gebeurd is of gebeurd had kunnen zijn. Misschien ontwikkelt mijn smaak zich nog verder. Ik weet niet hoe dat gaat. Max Ernst begrijp ik nog niet. Wellicht over vijf jaar wel. Dat is een kwestie van veel kijken en smaak ontwikkelen.’ Hij roemt zijn museumdirecteur, Emily Ansink. ‘Die is nog jong, maar ook heel fel en gepassioneerd.’

Dirk Scheringa is de enige Nederlander met een eigen voetbalclub.
Hij is eigenaar van AZ en kan het goed vinden met de
even kundige als eigenwijze trainer van AZ, Louis van Gaal.

De grote kunsthistoricus prof.dr. Henk van Os was een week met het echtpaar in St.Petersburg om daar naar de schilderkunst te kijken. Hij is zeer te spreken over Dirk Scheringa: 'Boeiend zo'n grote ondernemer, die zich zo weet in te leven in de kunst.'

Voor Scheringa betekent het woord 'passie' extra inzet. Sommige mensen hebben dat met één ding, hij met meerdere. 'Dat is nu eenmaal zo. Als ik iets doe, wil ik het goed doen, wil ik het mooi maken. Of het nou een Elfstedentocht is, het opzetten van een nieuw bedrijf of het opnieuw neerzetten van een organisatie als de voetbalclub AZ. Daar heb ik een nieuw stadion voor gebouwd om er een mooie club van te maken.'

'Mijn ene grootvader was voorzitter van de landarbeidersbond en raadsman voor de herenboeren in Groningen. Mijn andere grootvader was marskramer en kon goed verkopen. Mijn vader was kaasmaker en mijn moeder huisvrouw. Ik denk dat ik de genen van mijn beide grootvaders heb. Maar waar heb ik nou die passie vandaan? Ik heb in 25 jaar een topbedrijf opgebouwd. Dat wilde ik goed doen, netjes en fel. Ik ben er bovenop gaan zitten en dan wordt het als vanzelf een succesverhaal. Ik zie dat ook graag in andere mensen, vooral in jonge mensen. Dat vind ik mooi. Ik probeer zoveel mogelijk mensen om mij heen te verzamelen die dat ook hebben. Die de drive hebben iets meer te doen. Niet iedereen kan dat hebben. Gelukkig heb ik dat wel meegekregen. Dat hangt ook van je fysieke gesteldheid af, van je interesses en wat je in je genen hebt. Waar anderen afhaken, ga ik nog twee keer door. Op de politieschool was dat al zo. Bij judo had ik voor techniek een zes en voor inzet een tien.'

Maar hoe kun je dit allemaal tegelijk doen? 'Ik heb een soort helikopterview, zodat ik alles kan overzien. Dat gaat automatisch en met plezier. Ik zie ook alles als hobby. Of het nou om voetbal gaat, schaatsen, kunst of de vijftig bedrijven die ik heb. Ik schaak op drie borden. Daarom heb ik ook geen stress. Het is heerlijk om talentvolle mensen aan te nemen, ze te coachen en mijn visie te geven. Want strategie, daar ben ik goed in. Mijn mensen zeggen wel eens dat ik tien jaar vooruit kan kijken. Dat hebben niet veel mensen. De keuzes die ik maak zijn meestal goed, het is de combinatie van heel veel dingen die maken dat ik de juiste koers zie. Dat gaat ook automatisch. Als iemand naar mij toekomt met een probleem dan bedenk ik zo tien oplossingen. Het zit in de genen, daar hoef ik niet mijn best voor te doen. Maar als je dan ook nog je best doet, dan krijg je topresultaten.'

Dirk Scheringa gelooft in 'ratting' als vorm van survival. 'Een rat overleeft altijd. Hij is in staat zijn eigen staart af te bijten, heb ik geleerd.' En voor jonge ondernemers, die ook voor zichzelf willen beginnen. 'Werk dag en nacht en maak geen geld op. In het eerste jaar heb ik achtduizend gulden privé gebruikt. Opgenomen als huishoudgeld. Voor de rest werd de eerste zestien jaar alles weer geïnvesteerd en gebruikt voor reclame en overnames.'

Scheringa heeft zijn voetbalclub aan een prachtig nieuw stadion geholpen. Hij ondervond veel tegenwerking. Regeltjes, vergunningen en weinig medewerking van de gemeente, zorgden voor jaren vertraging. Hij nam de club met alle schulden over en is nu de enige Nederlandse ondernemer met een eigen voetbalclub. Jaren moesten er miljoenen bij, nu kan de club zichzelf bedruipen. 'Wij hebben maar een derde van de begroting van de andere topclubs en toch moeten ze rekening met ons houden,' zegt Scheringa glunderend. Hij kan het goed vinden met trainer Louis van Gaal.

Maar de bureaucratie en tegenwerking die hij ondervond bij zijn bouwprojecten, lieten toch hun sporen na. De procedures voor de bouw van een nieuw museum, nieuwe burelen, een nieuw stadion kosten miljoenen aan vertraging en werkgelegenheid. Hij had op een gegeven moment ruim vijfhonderd miljoen gulden aan bouwopdrachten in de pijplijn zitten en de toestemmingen kwamen er maar niet uit!

Hij opperde op een gegeven moment zelfs minister te willen worden. Minister van Deregulering. Hij was eventueel bereid zijn bedrijven hiervoor te verkopen: 'Deregulering is hard nodig. Ik zou dan wel een duidelijk omschreven taak willen krijgen en ook de bevoegdheden om echt in te grijpen. De Tweede Kamer mag mij hier op afrekenen.'

Dit brengt ons automatisch op de toekomst van het bedrijf. Zijn kinderen zouden plotseling het bedrijf zo in hun schoot geworpen kunnen krijgen. 'Bekwame mensen moeten het bedrijf leiden. Je hoeft niet noodzakelijk de kinderen uit te sluiten. Maar in mijn geval eigenlijk wel. De oudste zoon wil piloot worden. Onze tweede zoon is technisch begaafd. Die wil wat met zijn handen doen. Wellicht wat bij AZ. Hij heeft een opleiding tot het organiseren van evenementen gevolgd. Je moet doen waar je goed in bent.' Scheringa zegt in alle bescheidenheid dat je om zo'n concern als de DSB op te bouwen over een aantal unieke kwaliteiten moet beschikken. Kwaliteiten die je zelden in één persoon terugvindt.

'Ik heb mij een aantal jaren geleden laten testen en toen bleek dat ik in een aantal zaken goed ben. Ik ben bijvoorbeeld heel commercieel, maar kan ook goed rekenen. Commerciële mensen zijn vaak nogal slordig. Ik organiseer alles goed en heb daarom ook geen stress. Je moet op zoveel verschillende punten uitblinken, dat het niet gemakkelijk is iemand te vinden die dat allemaal in huis heeft.'

Scheringa wil vooral zichzelf blijven. Dat valt niet mee. Hij heeft altijd twee bodyguards bij zich. Tegen mogelijke ontvoeringen. Hij heeft tien veiligheidsmensen in dienst en die kosten hem meer dan een miljoen per jaar. 'Ik mag ze wel aftrekken van de belasting.' Ondanks zijn 31ste plaats in de *Quote 500* van 2007 woont hij nog steeds in dezelfde verbouwde stolpboerderij als twintig jaar geleden, rijdt hij nog steeds in dezelfde zeven jaar oude auto en heeft hij nog steeds dezelfde vrienden als in zijn tijd al hoofdagent. Hij praat met Balkenende en de kroonprins, is officier in de Orde van Oranje-Nassau en klaverjast al dertig jaar met dezelfde drie man. Hij houdt zich verre van de jetset, de PC Hooft en alle recepties en partijen. 'Ik wil thuis warm eten,' zo zegt hij in een interview in *de Volkskrant*. En daarna gaat hij zijn schapen voeren en denkt nog vaak aan de dagen dat hij bij zijn vader achterop de Berninibromfiets zat en op woensdag- en zaterdagmiddag tv mocht gaan kijken bij de dorpsonderwijzer, die zo'n huisbioscoop bezat. 'Ik vind het heerlijk om te werken. Ik ben er nog wel even. Ik ben nu 56. Het lijkt mij verstandig om er op je 65ste mee op te houden. Ik heb hobby's genoeg.'

Sylvia Tóth

Van typiste tot Zakenvrouw van het Jaar

De vader van Sylvia was een Hongaarse zigeuner, geboren met een viool in zijn hand. Zijn vurige karakter en donkere ogen moeten grote indruk gemaakt hebben op haar moeder Annette. Vader werd geboren in de nachttrein van Boedapest naar Parijs. Hij bleef in Nederland nadat hij Annette had ontmoet.

En hij ging plotseling met de muziek mee in de meest letterlijke zin. Hij liet zijn vrouw achter met een zoon (Joep) van zes en een dochter van vier (Sylvia). Twee jonge donkere kinderen, die het verder maar zelf moesten uitzoeken. Een aantal mooie grammofoonplaten was het enige dat van hem over bleef en verder niets. Het was 1948. Moeder bezat niets en kraakte een woning in de Valeriusstraat in Den Haag. Het was het enige huis dat er na de oorlog nog overeind stond. Het was onbewoond en had zelfs geen deur.

Moeder knapte alles zelf op en verhuurde het mooiste gedeelte aan een oude dame, zodat er tenminste wat inkomen was. Uitkeringen bestonden in die tijd niet en het woord bijstandsmoeder moest nog worden uitgevonden. Ze ging werken in een hotel op Scheveningen.

Sylvia met haar donkere uiterlijk, haar Hongaarse paspoort en haar povere bestaan, zou tegenwoordig 'kansarm'genoemd worden. Ze wordt woedend bij dat woord. 'Ik was nooit kansarm, want je bent nooit kansarm als je jezelf meebrengt!' Sylvia is ervan overtuigd dat haar jeugd haar gevormd heeft. Zo speelde zij op een middag met haar broer Joep in de puinhopen naast hun huis. De Duitsers hadden daar een tankgracht gemaakt. Joep verdween opeens in een gat en was nergens meer te vinden. 'Ik was echt in paniek. Mijn broertje verdwenen. Ik rende weg om hulp te halen en ze wisten hem onder de puinhopen vandaan te halen. Hij was een totaal ontredderd jongetje, doch mankeerde niets. Daarom was het die middag feest. Van alle kanten kwamen er goede gaven. We kregen een mand vol luxe lekkernijen. Eieren, koffie en verse melk waren toen voor ons een luxe. We waren zo gelukkig en blij dat wij rond de tafel dansten. We deden zo wild dat Joep zijn hoofd stootte aan een hoek van de tafel en alsnog bloedend ineenzakte en naar bed moest.'

Van grote invloed was Kees Innemée. Hij wandelde voor het huis van de familie en verstuikte zijn enkel. Hij kon niet meer lopen en belde aan voor hulp. Hij droeg een mooie donkerblauwe winterjas en een witte sjaal. 'Mijn moeder haalde hem in huis en in ons leven. Hij was 25 jaar ouder, maar ze trouwden al snel. Aanvankelijk woonde hij gewoon bij ons. Jaren later verhuisden wij naar zijn huis. Daar waren mijn broer en ik niet zo blij mee, omdat wij ons volledig moesten overgeven aan zijn regime. Ik denk dat ik ook daarom later altijd zo zuinig geweest ben op mijn onafhankelijkheid.'

Kees Innemée was eerste machinist bij de Holland-Amerika-Lijn. Een intelligente man, nuchter en met een grote belangstelling voor psychologie. Hij gaf al snel zijn zeemansleven op. 'Ik ben met je getrouwd om met je samen te zijn,' zei moeder. Hij ging wiskundeles geven aan de Zeevaart- en Visserijschool op Scheveningen. 'Mijn moeder bleef echter werken. Ze hield van haar werk in een boekhandel aan de Denneweg. Ook vond ze het haar verantwoordelijkheid geld voor haar kinderen te verdienen. Ik heb mijn werklust en energie van haar.'

Sylvia Tóth begon als secretaresse. Op de foto staat ze als vijftienjarige voor de deur van NIVE, haar eerste werkgever.

De nieuwe pleegvader was streng. Hij gaf de kinderen een spartaanse opvoeding. Elke ochtend, ook in het weekeinde, om zeven uur opstaan, wassen en aankleden. Ontbijten in je pyjama was er niet bij. Dat was ongehoord. 'Ziek zijn mocht alleen als je werkelijk niet meer op je benen kon staan. Het is voor mijn broer en mij, nu vandaag de dag, nog onmogelijk om uit te slapen. De wekker zit voor eeuwig in ons hoofd.'

'Dat heb ik mijn pleegvader later verweten. Maar ik heb ook veel van hem geleerd. De wiskundelessen die hij overdag gaf, gaf hij 's avonds aan ons. Hij wist het zo goed uit te leggen dat wij de logica konden bevatten. Ik voerde opdrachten uit, die hij ook aan leerlingen op school gaf. Ik kreeg wel eens een 6,5 voor een moeilijke constructietekening. En dat was het hoogste cijfer dat in zijn klas te halen was. Daar waren zijn leerlingen trouwens niet altijd even gelukkig mee.'

Kees Innemée speelde nooit met de kinderen en nam ze ook nooit ergens mee naar toe. 'Hij riep zo nu en dan dat er van die donkere zigeunerkinderen vast niet veel terecht zou komen. Dan betrapte hij mijn broer, die in zijn kamertje op een kistje stond te dirigeren of hij zag mij door het kleine gangetje dansen in een veel te kort rokje op spitzen. Ik wilde altijd balletdanseres worden.' Maar hij legde ze wel alles uit. Hoe de wereld draaide, hoe de sterrenbeelden aan het firmament te ontdekken en hoe een stoommachine werkte. 'Hij haalde ons wel eens uit bed als er een bijzondere ster aan de hemel stond. Maar het allergrootste feest was toch wanneer hij de door hemzelf gefabriceerde stoommachine met een compleet minifabriekscomplex in werking stelde.' Hij sprak veel met ze over Freud, Adler en Jung en toen besloot Sylvia later psychologie te gaan studeren.

Doch dat zag er even duister uit. Toen broer Joep veertien werd, moest hij van school om te gaan werken. Pleegvader zei: 'Als je wilt studeren, kan dat net zo goed 's avonds.' Joep begon als jongste bediende op een kantoor en haalde in de avonduren zijn diploma HBS. Sylvia was na de lagere school naar het Grotius Lyceum gegaan. Een test had uitgewezen dat zij daarvoor de kwaliteiten in huis had. Maar veel leren deed zij er niet. Ze schitterde meer op de feestavonden dan in de studie. Pleegvader vond het dan ook beter dat zij een baantje zocht en op haar vijftiende verjaardag deed zij haar intrede in het bedrijfsleven. Zij kreeg tachtig gulden per maand en schreef zich in bij het avondlyceum. 'Ik moest zelf mijn boeken en het schoolgeld betalen, veertig gulden per maand. Nou, ik werkte keihard op het avondlyceum, anders kon ik geen psychologie gaan studeren in Leiden.'

Met gemak haalde ze hoge cijfers (negens) voor wiskunde, financiële rekenkunde, boekhouden en handelsrekenen. In aardrijkskunde en biologie was ze zwak, de talen waren gemiddeld. Zij deed vier jaar over haar diploma.

Op haar werk werd haar geadviseerd om eens bij een uitzendbureau te beginnen. 'Eerst moest mij worden uitgelegd wat dat was. De branche stond nog in de kinderschoenen.' Er waren in Den Haag twee bekende bureaus. Sylvia begon bij het Algemeen Service Bedrijf, dat een groot kantoor aan de Haagse Koninginnegracht had. Ze had het naar haar zin. 's Avonds studeren, driemaal in de week naar school, ook zaterdagmiddag, overdag werken en tussendoor huiswerk maken. Op haar negentiende slaagde ze voor het staatsexamen HBS-A. Van de vijftien klasgenoten waren er slechts vijf geslaagd en zij als enige meisje. Trots zwaaiend met haar diploma kwam ze thuis. 'Mijn pleegvader stond in de keuken aardappels te bakken, dat deed hij altijd heel precies. Eén voor één draaide hij de plakjes om. Op mijn joelende mededeling dat ik geslaagd was kwam nauwelijks een reactie. Hij keek niet op of om maar ging door met bakken en zei: "Ik had niet anders van je verwacht."'

Sylvia wilde na het behalen van haar diploma naar het buitenland. Voor een jaar au pair in Londen. De familie wuifde haar uit aan de kade, maar ze was na een week terug. Het werk bij het gezin was ongelooflijk saai. Van al haar spaargeld kocht ze een ticket en maakt haar allereerste vliegreis, terug naar Amsterdam. 'Het slaatje in het vliegtuig weigerde ik, omdat ik bang was ik het zelf moest betalen.' Thuisgekomen bleek haar pleegvader op sterven te liggen. Van tevoren had hij alles geregeld met de Innemée Begrafenisonderneming van familie van hem. Zodra hij overleden was, moest hij zonder poespas begraven worden. En zo geschiedde. 'Het was heel vreemd voor moeder, mijn broer en ik. Ineens was hij weg, net zo plotseling als hij in ons leven was gekomen. Mijn jeugd was afgesloten. Ik kon nu zijn levenslessen in praktijk brengen.'

Sylvia had nooit aan carrièreplanning gedaan. Ze wist alleen wat ze niet wilde: huisvrouw worden en arm zijn. Ze werd werkstudent. Ze maakte haar psychologiestudie nooit af, doch leerde wel veel wat haar later in de dienstverlenende sector zaken als psychologische kennis en intuïtie van pas zou komen.

Op het avondlyceum had zij Paul Hessing leren kennen. Hij werkte als administratieve kracht bij de Octrooiraad, doch zag heel duidelijk het verschijnsel 'tijdelijk werk' via uitzendbureaus opkomen. In 1960 had Frits Goldschmeding als student economie al een doctoraalscriptie geschreven over het fenomeen uitzendbureau. Hij begon met een medestudent vanuit een zolderkamertje een eigen bureau: Randstad. Dat zou later de grote marktleider van ons land worden en Goldschmeding zeer gefortuneerd maken.

Hessing begon ook een eigen bureau met de naam Content en Sylvia hielp hem met de administratie. Vanaf het begin stond kwaliteit voorop. Men wilde niet de grootste worden, maar de beste. Steen voor steen, bedrijf na bedrijf werd Content opgebouwd. Men groeide als kool. Sylvia trouwde met Contentmedewerker John Martinot. Samen begonnen ze in Rotterdam. John leidde het kantoor en de aantrekkelijke, donkere Sylvia ging met een aktetasje de kantoren langs om klanten te werven. Heerlijk werk vond ze dat. Ze bezocht het verzekeringsconcern Stad Rotterdam en een uur later werd er al naar Content gebeld om een typiste. Sylvia stapte er zelf op af met de woorden: 'Ik kom zelf het werk bij u doen, als service van de zaak, dus zonder rekening. Tot we een geschikte typiste voor u hebben gevonden.' Dat lukte snel want na anderhalve dag zat er een uitzendkracht. Maar welk een pr! Paul Hessing ging Sylvia steeds meer inschakelen. Zij moest het vestigingennet uitbreiden in Utrecht, Arnhem en Nijmegen. Al die nieuwe vestigingen droegen al snel bij aan de winst.

Even tussendoor een verhaal uit Arnhem. De directieassistente van de Scheepjeswolfabrieken was ziek geworden, terwijl er juist die dag een ontvangst zou plaatsvinden van Duitse dames die een wolwinkel runden. Content was maar net begonnen en had niemand in huis die goed Duits kon spreken. Dus Sylvia ging weer zelf, want je kunt zo'n grote nieuwe klant niet meteen 'nee' verkopen. Maar ze had in de vacatureomschrijving even de opmerking 'goed kunnende breien' over het hoofd gezien. De voorzitter van de raad van bestuur vroeg haar: noem eens drie merken breiwol. Sylvia antwoordde: 'Scheepjeswol, Scheepjeswol, Scheepjeswol'. De man had gevoel voor humor. Hij schoot in de lach en zei: 'We redden het samen wel.'

'De dames hebben niet gemerkt dat ik letterlijk niets van het product af wist.' Sylvia werd regelmatig ingeschakeld bij dit soort bijeenkomsten. Na een poosje bood De Vries haar een vaste baan aan en een flat in Veenendaal. Sylvia kreeg een schitterend salaris voorgeschoteld. 'Maar ik kwam niet in de verleiding, want mijn hart lag bij Content. Ook al verdiende ik bij Paul maar 3,50 gulden per uur: ik werkte immers nog steeds op uitzendbasis.'

Haar huwelijk strandde. Daar echtgenoot John salesmanager was bij Content, vond Sylvia het voor de hand liggen dat zij wegging. Zij ging naar de Persknipseldienst Swaneveld en was binnen vier maanden bedrijfsleider. Zij bleef echter in contact met Paul. Minister Roolvink van Sociale Zaken wilde de uitzendbureaus beperken en kwam met een aantal maatregelen waar later weinig of niets van terecht is gekomen. Paul Hessing raakte echter in paniek en ging vestigingen sluiten. De cijfers van Content vertoonden een teruggang. Paul begon ook de belangstelling in het bedrijf te verliezen. Hij had plannen de zaak te verkopen. Hij vroeg haar als directeur – zijn opvolger – terug te komen.

Op 15 oktober 1972, ze was 28, trad Sylvia officieel als directeur in dienst van Content. Sylvia nam meteen een aantal fikse maatregelen. '"Als je geen zin hebt om precies om half negen te beginnen dan kwam je toch gewoon wat later. Dat moet toch kunnen," zo was de mentaliteit. Maar het bedrijfsleven deed vanaf half negen een beroep op ons.' Het was de tijd dat de 'baaldagen'werden uitgevonden. Sylvia greep in. Ook geen dieren mee naar het werk enzovoort. Maatregelen die van een nieuweling nog wel geaccepteerd werden. Later zou het veel moeilijker worden als je wat vertrouwelijker met je personeel was geworden en de situatie al een tijd gedoogd had. Ze voerde ook winstdeling in en hield de salarissen laag. Inmiddels werd er naar een koper gezocht.

Er waren Engelse investeerders die zich niet met de zaak wilden bemoeien, maar Content puur als belegging zagen. 'Achteraf gezien, maar achteraf praten is altijd gemakkelijk, had ik op dat moment zelf een bod moeten doen. De Britse heren met wie ik in de zomer van 1973 kennismaakte waren duidelijk van een andere klasse dan wij: the honourable Richard Windsor Clive – een broer van de Earl of Plymouth – en Ian Rankin, wiens moeder Lady in Waiting (een soort hofdame en gezelschapsdame) was voor de moeder van koningin Elizabeth. Er was nog een derde man, een werker, die wist waarover het ging.' Content werd aan ze verkocht. De heren eisten dat het management bleef. Sylvia kreeg een langdurig contract en zat tot 1985 aan ze vastgeklonken.

Sylvia ging met Content in onroerend goed investeren. Een derde van al hun kantoren kwam in bezit van Content. De prijzen begonnen te stijgen. Het bedrijf groeide en bloeide. Sylvia wist goede mensen rond zich te verzamelen. Er waren wat strubbelingen met de Engelse aandeelhouder. Was vakantiegeld nou wel nodig? Ze hadden toch al een doorbetaalde vakantie? Ook een winstregeling voor het personeel was nog onbekend en moeilijk te verteren.

In 1975 was de winst met 49 procent gestegen en in 1976 bestond Content 12,5 jaar, reden voor een feestje vond Sylvia die aannam dat de eigenaars daar toch moeilijk bezwaar tegen konden maken. Zij vonden het prima als het personeel de helft betaalde... Sylvia besloot nooit meer toestemming te vragen voor dit soort zaken en betaalde het feest uit het reclamebudget.

De Britten deden grote acquisities in het buitenland, vaak met het geld uit Content. Op een gegeven moment besloten ze Content te verkopen. Sylvia had al jaren vergeefs geprobeerd aandelen van ze te kopen. Nu lukte het twee buitenstaanders, die nog geen dag voor Content gewerkt hadden door slim onderhandelen, wat zij zo graag wilde. Het betrof een adviseur en een directeur van een der opgekochte bedrijven, die pas sinds kort in de Engelse Board waren opgenomen en daarbij ook een pakket aandelen hadden bemachtigd.

'De Britten hadden al genoeg bedrijven opgekocht met de winsten van Content, ze hadden hun investering al een paar maal terugverdiend en nu zou het geheel voor veel meer worden doorverkocht en zou ik als een pakketje naar de hoogste bieder gaan,' aldus Sylvia. 'Een onverteerbare gedachte. Ik besloot erop of eronder.'

Het bedrijf stond er goed voor. Het winstniveau lag in dat jaar op 4.200.000 gulden. Sylvia vloog naar Londen. Stijf van de zenuwen. Maar ze haalde de Board over, die met een redelijk aanbod kwam. 'Ik zou een nieuw contract voor vijf jaar moeten tekenen en kreeg daarvoor zes procent van de aandelen. En als ik dat wilde, mocht ik in de toekomst meer aandelen kopen. Zij zouden ervoor zorgen dat ze beschikbaar waren. Sylvia kreeg ook een plaats in de Board.

In ons land teruggekomen ging ze onmiddellijk geld lenen om haar aandelenpakket uit te breiden tot 10 procent. Inmiddels groeide Content door. Sylvia kreeg het veel drukker omdat alle beslissingen van de raad van bestuur eenstemmig moesten zijn en dus moest zij vaak voor een vergadering oversteken.

Tijdens een zakenbezoek aan New York ontmoette zij haar toekomstige echtgenoot Chris Monfils. Hij was veel jonger, maar ze

Na haar uitverkiezing tot Zakenvrouw van het Jaar in 1985
werd Sylvia een veelgevraagde vrouw voor seminars, jury's en partijtjes.
Hier danst ze innig met Ruud Lubbers.

trouwden toch op 30 december 1982 in de City Hall New York. 'Ik beschouw hem nog steeds als familie. Ook na de scheiding is onze relatie nog altijd close.'

Voor de uitzendbranche was het een slecht jaar. Er was een recessie in Europa. Het leek Sylvia een goed moment om Content op zijn laagste moment over te nemen. Ze zag het trouwens al in de verte gloren. Ze moest snel zijn, maar kreeg het geld niet bij elkaar. Ook niet bij een participatiemaatschappij. De kansen om de Content-organisatie op zijn goedkoopste punt over te nemen waren verkeken. Het herstel kwam razendsnel en Content zette haar opmars voort. De omzet bleef stijgen net als de winst, die meteen met 39 procent toenam. Sylvia onderging dit alles met dubbele gevoelens. Leuk dat onder haar leiding de zaken zo goed gingen, maar het werd anderzijds voor Londen steeds aantrekkelijker om te cashen via een emissie op de Londense beurs. Sylvia werd meegetrokken in onderhandelingen waar ze eigenlijk weinig voor voelde. Zelf bezat ze nu tien procent van de aandelen.

Tijdens een werkweekend op Kasteel Erenstein voor stafmedewerkers en alle managers brak een mooie gedachte bij Sylvia door. 'Als we 's ochtends met elkaar in de blauwe Contentjoggingpakken door de bossen renden, zag ik wat een fijne ploeg we hadden en ik dacht: "Verdorie, er moet een manier zijn om dit Nederlandse bedrijf in Nederlandse handen te krijgen."' Ze nam zichzelf de apathie van de laatste tijd kwalijk en ging in de aanval. 'Je moet zelf je werkzaamheden plannen, anders doen anderen het voor je,' zo zei ze in een groot interview in de *Cosmopolitan*.

Ingewikkelde besprekingen, financiële strategieën, economische voorspellingen, persoonlijke sympathieën en nog veel meer speelden een rol. In haar boek *Een geslaagde onderneming* (uitgeverij Sijthoff) wordt dit allemaal tot in detail besproken en ik mocht er veel feiten aan ontlenen. Het werd keihard onderhandelen, maar een doodnerveuze Sylvia speelde het spel briljant. De prijs voor een 'management buy out' kwam ten slotte neer op het bedrag dat zij bij elkaar had weten te scharrelen. Maar plotseling bleek er een tekort van een half miljoen en moest de participatiemaatschappij bijpassen. Er moest voor de overname ook nog eens toestemming zijn van de Engelse fiscus. Advocaten spraken over en weer. Content overschreed voor het eerste in haar geschiedenis een weekomzet van twee miljoen gulden.

Op 16 september 1985 was Sylvia Tóth, het donkere meisje uit Den Haag, voor de volle honderd procent eigenaar van Content. Zij was de eerste zakenvrouw, die een management buy out had gepleegd. Een aangestelde directeur, die het bedrijf overnam. De kranten maakten wel melding van dit feit, maar een echte BN'er (beroemde Nederlander) werd Sylvia pas toen ze tot Zakenvrouw van het Jaar werd gekozen. Een prijs die was ingesteld door het champagnehuis Veuve Clicquot om het vrouwelijk topmanagement te bevorderen. In ons land was toen nog geen zes procent van dat management in vrouwelijke handen. We stonden in Europa op dit gebied in de onderste regionen. Zelfs Turkije had meer vrouwelijke topmanagers.

Hun agent Erik Boelen uit de beroemde Nederlandse wijndynastie had mij benaderd om samen met mijn Stan Huygens Journaal de verkiezing in Nederland te organiseren. Ik zag er alles is, want we beleefden het hoogtepunt van de vrouwenemancipatie. We hadden de Dolle Mina's gehad, de actie 'baas in eigen buik' en een afgeleide als 'liever lesbisch'. Op radio en tv kwam de vrouwenemancipatie al of niet met komische accenten voortdurend ter sprake, maar eigenlijk was het een voornamelijk linkse aangelegenheid. Nu kreeg ik de kans via het bedrijfsleven ook een stukje op de golf mee te varen. Via mijn netwerk kon ik een topjury samenstellen, waarin de twee werkgeversvoorzitters van VNO-NCW en het MKB zaten en ervoor zorgen dat de prijs altijd door de premier of een minister werd uitgereikt. Bovendien waren bezielende vrouwen als Thea Veldhuyzen van Zanten erbij betrokken en was de avond van de bekendmaking het champagnefeest voor vrouwelijk ondernemend Nederland. De zakenvrouw, winnares van de Prix Cliquot, werd een beroemdheid. Met als nadeel dat er zoveel tijd in het geven van lezingen, het deelnemen aan forums en andere jury's ging zitten dat sommige winnaressen amper tijd over hielden voor hun bedrijf.

Sylvia voelde aanvankelijk weinig voor de prijs, want ze hield er niet zo van om in de schijnwerpers te staan. Maar Thea zei haar: 'Het is goed voor je club.' Sylvia: 'Hoe goed kon ik toen nog niet bevroeden.' Bovendien was zij voorgedragen door haar eigen personeel. Zij hield een goede toespraak, kreeg de prijs uit handen van Neelie Smit-Kroes, toen minister van Verkeer en Waterstaat en jarenlang de efficiënte voorzitter van de jury. Haar medewerkers plaatsten een advertentie in *De Telegraaf* met de tekst Proficiat Sylvia, met daaronder de tekst: 'O.K. baas, we gaan nu weer gewoon aan het werk.' Dat vond de baas prachtig: 'Hoe je er ook tegenaan kijkt, met de free publicity die zo'n verkiezing voor je bedrijf meebrengt, kun je alleen maar blij zijn.'

Sylvia was de vijfde Zakenvrouw van het Jaar. Er zijn er nu meer dan twintig, maar zij is ongetwijfeld de winnares die de verkiezing zakelijk gezien het meest heeft uitgebuit. Als vervelend neveneffect: ook de roddelpers stortte zich op de fotogenieke zakenvrouw. Dat was overigens helemaal niet slecht voor het bedrijf. Integendeel, de naamsbekendheid werd alsmaar groter en het verhaal gaat dat Frits Goldschmeding, die met zijn Randstad vele malen groter was dan Content, daar wel eens moeite mee had.

'Nu had ik ook wel een turbulent liefdesleven,' zegt Sylvia met een ondeugend lachje, 'dus het lag ook wel een beetje aan mijzelf. Dat kan ik niet ontkennen.' Na de scheiding van haar verre man in Amerika trouwde zij met de beroemde prof.dr. Pierre Vinken van wie onlangs een heel dikke geautoriseerde biografie verschenen is.

In juni 1995 trouwde zij met deze bijna geniale man, hersenchirurg en uitgever en in bijna alles even goed. Toen ik haar vroeg wat zij in het oude baasje zag, antwoordde Sylvia: 'Hij is zo intelligent, Thomas, hij is zo intelligent...' Ze waren maar een jaar getrouwd. Toen ze al ruim twee jaar van Vinken gescheiden was, zei ze in een interview in *Het Parool*: 'Ik kan heel emotioneel zijn, maar soms ook heel melancholiek. Mijn vorige echtgenoot Pierre Vinken? Hij is een heel warm mens. Wie anders beweert, kent hem niet.' Sylvia: 'Ik zal nooit iets slechts zeggen over een man met wie ik een relatie heb gehad. Je hebt toch iets heel moois gehad. Hoe kun je daar nou iets negatiefs over zeggen?'

Pierre Vinken doet dat toch. Hij vindt het huwelijk met Sylvia eigenlijk niet meetellen. Dat was: 'Meer een administratief incident.' Hij vermoedt in zijn biografie dat het een opzetje is geweest. Dat hun ontmoeting was gearrangeerd. Door Lense Koopmans. Eerst op zijn kantoor, gevolgd door een etentje: 'Koopmans had mij naast Tóth geplaatst en Ruud Lubbers zat naast Yvonne van Rooy, waarschijnlijk ook niet toevallig.' Twee weken later gingen ze samen eten in Bentveld, vlakbij zijn huis. 'En al bij het eerste glas vroeg ze waarom ik haar had uitgenodigd en wat ik eigenlijk van haar wilde. Op de man af, breed lachend, met een ironisch wantrouwen. Ik liet mij niet kennen en antwoordde dat ik inderdaad iets met haar wilde, in die termen. "Dat kan alleen maar als je met me trouwt," zei ze even zakelijk. "Nou, dat doen we dan."'

Binnen een paar maanden gingen ze al uit elkaar. Verschillende levensstijlen, aldus Vinken. Sylvia: 'Ik laat altijd alleen het hart spreken en niet het verstand. Ik ben uit liefde getrouwd. Hoe kan zo'n man dat nou zeggen? Ik ben nota bene bij hem weggegaan en niet andersom!' Sylvia vertelt nu haar verhaal. 'Zoals je weet, houd ik absoluut niet van ex-echtgenoten die de vuile was buitenhangen. Ik zal daar ook nooit aan meedoen. Ik ga nu wat feiten geven die anders zijn als door Pierre verwoord.'

'Pierre had mij tijdens de uitreiking van de Heinekenprijzen in de Nieuwe Kerk in Amsterdam gezien en met me gesproken. Hij wilde mij dolgraag beter leren kennen en vroeg aan Lense Koopmans, die ik goed kende, een ontmoeting te arrangeren. Toen Lense dat niet snel genoeg deed, is hij speciaal van Aerdenhout naar Den

Haag gereden om Lense aan te sporen iets te organiseren. Zo is die bijeenkomst in de Bistroquet ontstaan, waarbij ik naast Pierre Vinken werd geplaatst. Het was op 25 november. Hij zei tegen mij: "Jij bent mijn verjaarscadeautje, want vandaag ben ik jarig." Ik maakte het bekende grapje: "Dat zeggen ze allemaal," maar hij liet mij zijn paspoort zien en het klopte inderdaad. Ik vond dat wel origineel en stemde in met een vervolgetentje in Aerdenhout. Natuurlijk heb ik daarbij nooit gezegd dat hij me moest trouwen. Ik ben een geboren vrijheidsdier. Feit is dat ik hem erg oorspronkelijk en origineel vond. Pierre Vinken zei letterlijk: "Ik heb op dit moment drie vrouwen in mijn leven, maar ik doe ze alledrie weg als ik jou kan krijgen. En aldus geschiedde."'

'Ik voelde mij heel prettig bij hem, ging oprecht van hem houden en hoopte met hem en zijn kinderen een toekomst op te bouwen. Dat is ook de reden dat ik mijn aandelen Content ging verkopen, om zodoende Content af te bouwen en meer tijd voor mijn huwelijk te hebben. Pierre als president-commissaris van Mees Pierson wilde graag dat ik dat via Mees Pierson deed, maar ik bleef onafhankelijk en deed de deal met ABN AMRO. Dat vond hij uiteraard niet prettig. Echtgenotes dienen gehoorzaam te zijn.'

Het nieuwe paar Vinken-Tóth verschilde ontzettend van elkaar. Sylvia geeft voorbeelden. 'Ik kreeg in het jaar dat ik met hem getrouwd was de prijs voor de best geklede vrouw van Nederland. Ik was genomineerd door de Nederlandse Vereniging van Modejournalisten. De toenmalige minister van Economische Zaken Annemarie Jorritsma zou mij de prijs uitreiken in de Grote Kerk in Den Haag. Pierre weigerde mij bij zoiets triviaals te begeleiden. Hij zei: "Als je een eredoctoraat zou krijgen, zou het wat anders zijn."'

En Sylvia kreeg in hetzelfde jaar een eredoctoraat, samen met Jan Timmer van Philips, aan een Engelse universiteit. Opgetogen kwam ze thuis. Maar dat was ook niet goed! 'Volgens Pierre was de universiteit niet van een hoog niveau, dus moest ik dat eredoctoraat weigeren. Dat heb ik nog gedaan ook!'

'Pierre noemt in zijn biografie zijn huwelijk van een jaar met mij een administratief incident. Ik gaf er mijn huis in Wassenaar voor op! De les uit mijn jeugd heb ik dus toch niet tot mij laten doordringen. Wat hij nu zegt, is typisch Pierre. Dat ik hem verlaten heb, is iets dat hij mij nooit heeft vergeven. Maar ik heb absoluut geen spijt van dit jaar. Het heeft me de liefste stiefdochter opgeleverd.'

Ook haar affaire met Philipstopman Cor Boonstra haalde heel wat kolommen. De echtgenote van Cor Boonstra, Hans, van wie hij al lange tijd gescheiden leefde, werd ontvoerd en vreselijk mishandeld. 'Er werd gesuggereerd dat ik er iets mee te maken zou kunnen hebben. Toen heb ik echt gedacht uit Nederland weg te gaan.'

Sylvia had allerlei commissariaten, onder andere bij Endemol. Dat Endemol verkocht zou worden, was algemeen bekend. Het had in alle financiële rubrieken gestaan. Maar de timing en door wie was niet bekend. Sylvia: 'Plotseling kreeg ik een telefoontje van Cor. Hij kwam direct thuis. Wij woonden samen in Den Haag. Hij moest mij onmiddellijk spreken. Het was heel ernstig.'

'Ik was nog even blij toen ik hem zag. Want je gedachten gaan toch uit naar een ongeneeslijke ziekte of ander onheil. Wat bleek: hij had een jaar daarvoor aandelen gekocht bij Endemol, zodat hij winst kon maken als het bedrijf werd overgenomen. Ik had nooit met hem over een verkoop gesproken, maar men dacht dat ik hem wel getipt zou hebben. Dat hij zoiets doet en dat niet aan mij vertelt, klopt natuurlijk niet. Ik denk dan toch dat macht corrumpeert. Dat men vergeet kritisch te blijven kijken. Een commissariaat van een vrouw kon toch niet van invloed zijn op het gedrag van een man. Iemand met zo'n functie denkt dat hij onaantastbaar is. En dan ga je fouten maken. Overigens vind ik Cor nog steeds een lieve man.'

Terug naar het zakelijke, terug naar het jaar 1986. Negen maanden na de aankoop besluit Sylvia met haar bedrijf naar de Parallelmarkt te gaan. Bij die beursgang brachten de aandelen Content vijf maal zoveel op als zij er een paar maanden geleden voor had neergeteld. 'Het mooiste compliment was dat ook de Engelsen, die het aan mij verkocht hebben, weer aandelen kochten.' Sylvia kon meteen haar schulden en leningen afbetalen. Ze was nu op het punt dat zij niet meer voor het geld hoefde te werken. Zij was welgesteld geworden.

En toen ging in 1998 Content zelf in de verkoop. Na 25 jaar Content en dag en nacht werken besloot zij op te stappen. Meerdere uitzendbureaus dongen naar haar gunsten. Sylvia zelf had graag een samenwerking met het Nederlandse uitzendbureau Unique gezien. Maar het Belgische Creyff betaalde honderd procent premie op de aandelen en nam Content over. Sylvia had op dat moment nog slechts tien procent van de aandelen en moest akkoord gaan met de overname. Ze werd commissaris.

Zij bezat al de holding Tóco, waarin destijds haar aandelenbezit was ondergebracht. Ze begon Tóco d'Azur om mensen in Zuid-Frankrijk op weg te helpen. Ze richtte de Sylvia Tóth Charity Stichting op om kansarme kinderen te helpen. Sylvia besteedt een aanmerkelijk deel van haar vermogen aan het goede doel. Maar dan zo dat er nergens geld aan de strijkstok blijft hangen. Zij is voorzitter van het Rotterdams Philharmonisch Orkest, het Nationaal Jeugd Orkest, de Young Pianist Foundation, het Gergiev Festival Rotterdam, van de Stichting het Voorhout van de Beeldende Kunst en nog veel meer.

Zelf heeft ze aan het Lange Voorhout een paar mooie oude panden aangekocht, die voorbeeldig laten opknappen en er haar burelen en privéwoning in gevestigd. Bovendien is ze onlangs even verderop een galerie begonnen. Ze heeft mooie appartementen in Monaco en New York. 'Ik vind het leven in drie landen uiterst aangenaam. Het verbreedt mijn horizon.'

En nog steeds gaat haar geen zee te hoog.

Tom Westermeijer

Van krokettenverkoper tot onroerendgoedmagnaat

‘We hebben maar een concurrent. Dat is onze gezondheid,’ zegt Tom Westermeijer, grootmeester in het onroerend goed. Hij heeft het in zijn jeugd niet breed gehad. ‘Niet breed? Ik ben niet alleen arm geweest. Ik had soms niet te eten!’

Tom werd op 4 januari 1938 geboren in het oude Rotterdam-Noord, in dezelfde wijk als Coen Moulijn en Faas Wilkes. ‘Ik ben van hetzelfde bouwjaar als koningin Beatrix. Dat heb ik eens tegen haar gezegd, maar dat viel niet in goede aarde. Dat ging om die ene opmerking. Voor de rest heb ik een hele goede verhouding met majesteit.’

‘Als je op dezelfde dag als Beatrix geboren was, kreeg je destijds 500 gulden. Zoveel geld had mijn familie nog nooit bij elkaar gezien. Maar als je in dezelfde maand was geboren, kreeg je een mooie oorkonde. Hier is hij...’

De vader van Tom was musicus. Hij speelde accordeon en bas en had zelfs een eigen orkestje. Het was toch al geen vetpot en zeker niet toen zijn vrouw ernstig ziek werd. ‘Toen ik vijf was, ging ze naar het sanatorium. Het ging ieder jaar slechter met haar. Zij ging zienderogen achteruit. Toen ik vijftien was is ze gestorven.’ Er waren nog

De kleine Tom speelde in het radioprogramma Mignon
voor zijn ernstig zieke moeder in het ziekenhuis.

geen sociale voorzieningen, zoals wij die nu kennen. Het sanatorium betekende een gigantische financiële belasting voor het gezin. Vader ging elke dag naar haar toe. Zij was tbc-patiente. De kinderen mochten alleen van een afstand kijken vanwege mogelijke besmetting. Naar moeder achter het glas turen. Geen knuffels, geen aanhalingen. Vader kon maar heel weinig werken. Er was een magere sociale uitkering.

'Armoede bij ons thuis. Wij aten niet alleen bloembollen in de oorlog, maar ook nog ver daarna. Echt vlees was er nooit. Eenmaal in de week aten wij uierboord. Dat eet ik nog wel eens als herinnering aan die tijd, die ik nooit mag vergeten.' De drie oudere zusters van Tom speelden moedertje over hem. Tom Westermeijer nam een besluit: 'Ik wil rijk worden.' Het werd een leven van afwisselend muziek en handel.

Hij volgde eerst de lagere school in de Eerste Pijnackerstraat. Dat ging goed. Toen ging hij naar de driejarige ulo A in de Middellandstraat. 'Daar heb ik mijn diploma niet gehaald. Ik wilde maar een ding: rijk worden. Ik ging als twaalfjarige al langs welvarende buurten als Blijdorp, Hillegersberg en Kralingen om aan de deur te vragen of ze nog wat oude kleren hadden. Ze vonden mij wel een aardig ventje. Vaak kreeg ik wat mee, schoenen, jasjes, broeken, jurken en tassen. Die ging ik dan deur aan deur verkopen in de mindere buurten. Ik verkocht alles wat los of vast zat. Het was allemaal psychologie. Ik moest ervoor zorgen dat zo'n vrouw die tweedehands tas in haar handen had. Als ze hem zo over haar arm vasthield, was hij van haar.'

'Ik herinner mij nog dat ik een zijden jurk verkocht aan een vrouw op de eerste verdieping. Ze wilde hem wel passen, "Maar dan moet jij hem aan de achterkant dichtmaken." Nou, dat was godsonmogelijk. Maar ik had een truc. Ik ging met de nagel van mijn duim langs de ritssluiting en zo leek het net of hij dicht ging. Zij betaalde mij 7,50. Buiten op de fiets, dacht ik, je hebt toch een rotstreek geleverd. Ik heb daar altijd een schuldig gevoel aan over gehouden. Het waren ook mensen die moesten sappelen.'

Later toen het Tom goed ging en hij zijn eerste 'klauwgeld' verdiende, ging hij terug naar die buurt. 'Ik wist nog precies, waar ik de boel belazerd had. In de Tulpstraat, vlakbij het mooie Hulstkampgebouw. Ik vroeg of ik even boven mocht komen. Dezelfde vrouw stond bovenaan de trap en zei dat ze mij niet kende. Ik friste haar geheugen op door te vertellen dat ik haar destijds een te krappe jurk had verkocht. 'Ben jij die vuile oplichter…? Mijn vent kwam 's avonds thuis en ik heb op mijn sodemieter gehad.' 'Rustig nou. Ik kom het goedmaken en gaf haar een briefje van duizend. Dat had ik klein gevouwen in de palm van mijn hand.'

Dat was handel, maar nu de muziek. Westermeijer wilde graag piano leren spelen. Hij gaf zich op bij Toonkunst, een onderdeel van het conservatorium. Hij zou een jaar les krijgen. Dat kostte dertig gulden per maand en werd betaald door zijn oudste zuster, die verkoopster was geworden bij de Bijenkorf. 'Uiteindelijk hoorde ik dat het conservatorium daar het beste was. Maar ik had geen opleiding, geen geld en geen piano. Dus was ik kansloos. Ik ging naar de directeur, dr. Daniskas, en zei tegen hem: "Ik heb gemerkt dat kamer 2 vrijdagmiddag van twee tot drie uur leegstaat. En er is op kamer 7 op maandagochtend van half negen tot tien uur geen les. Zou ik daar dan piano mogen studeren?" Hij had blijkbaar schik in mij. Hij vond mij wel een aardige jongen. Het mocht.'

Tom Westermeijer had nog een derde hobby. Vanaf zijn tiende maakte hij elke dag een mop. Toen zei dr. Daniskas tegen hem: 'Stel je nou voor dat jij je diploma haalt. Wat zou je er dan onder gezet willen hebben?' Hij antwoordde meteen: 'Niet mooi. Wel hard! En daar moest hij smakelijk om lachen.'

Ook de handel ging door. Van wat hij opspaarde van de handel in tweedehands goed kocht hij een oude piano die hij verhuurde aan de studenten van het conservatorium. In acht maanden had hij de piano terugverdiend. Tussendoor verkocht hij tijdens wedstrijden kroketten in het Feyenoordstadion. 'We maakten ze extra zout, dan ging het beter met de drankverkoop.'

De pianohandel ging voorspoedig. Stiekem gaven pianoleraren hem de adressen van hun leerlingen. Dat mocht niemand weten. Hij ging er langs om te zien of hij er een piano kon verkopen. Tom kreeg provisie van de pianofabriek en stond een deel af aan de pianoleraar of lerares.

Op zijn 24ste had hij al twee ton verdiend en dat was in 1962 een heel bedrag. Hij ging ermee het onroerend goed in. 'Ik kocht een bv'tje uit Zevenaar en ging toen met de burgemeester praten, wat hij met de stad voor had. Nou ja, het was de bedoeling dat er allerlei industrie langs bepaalde wegen zou komen. Ik bezweer je, ik kon niet eens de oppervlakte van een terrein meten. Wat waren vierkante meters? Ten slotte kwamen er 41 (!) fabriekshallen. Ik verkocht er een, verhuurde de ander en hield er een zelf. Daar heb ik mijn eerste slag geslagen. En veel geleerd. Wat is het belangrijkste in onroerend goed? Locatie, locatie en nog eens locatie.'

Een beroepspianist is hij nooit geworden. Op een avond vroeg zijn hoofdleraar waar hij eigenlijk woonde. In Rotterdam-Noord. Maar hoe kom je hier dan? Lopend? Rijd dan straks maar met mij mee. 'Ik keek enorm tegen hem op. Zo'n hoofdleraar rijdt natuurlijk in een Chevrolet of een Pontiac. Ik zag mij er al in zitten. Buiten gekomen zei de leraar: "Doe nou je jas achterstevoren aan, dat is beter tegen de wind." Het bleek dat ik achter op de brommer kwam te zitten. Mijn droom spatte uiteen. Het was zo'n enorme tegenvaller. Als je als hoofdleraar van een conservatorium niet eens geld hebt voor een mooie Amerikaan, wat kon ik dan verwachten als eenvoudige pianist? Ik heb toen besloten: ik wil nooit musicus worden. Altijd armoe troef.'

De armoede thuis, de ziekte van zijn moeder, zorgden ervoor dat Tom doodsbang was voor een leven zonder geld. Toen hij nog een kleuter was, had zijn moeder al een werkhuis. Ging ze bij anderen de boel netjes houden. 'Daarmee heeft ze ook het geld gespaard waarmee mijn vader later een accordeon kon kopen. Maar ik wist inmiddels dat je daarmee weinig kon verdienen. Ik wist toen ik op het oude brommertje meereed een ding zeker: ik wilde *rijk* worden.'

Niet dat de muziek niets voor hem betekende en nog steeds betekent. Tom kon zijn moeder in het sanatorium dan wel niet fysiek bereiken, maar wel via zijn pianospel. 'Via de jeugdomroep van de AVRO, Mignon, heb ik het lievelingsstuk van mijn moeder kunnen spelen. Dat was "You are always in my heart". Door haar koptelefoon bij haar bed kon ze toen naar mij luisteren. Ze vond het heel mooi en ze was trots op haar zoon.'

Zijn moeder communiceerde via blocnotes. Iedere keer als Tom op bezoek kwam, schreef zij iets voor hem op. Hij heeft alle 135 blocnotes bewaard. Haar gedachten en adviezen gaf ze op deze manier door aan haar drie dochters en enige zoon. 'Ik lees ze nog wel eens door en het is inmiddels tot mij doorgedrongen dat het eigenlijk afscheidsbrieven waren. Ze vertelde mij hoe ik mij later moest gedragen.'

Eenmaal mocht haar zoon bij haar komen in de sombere ziekenkamer. Dat was tevens de laatste keer. 'Moeder was toen al 41 dagen in coma. Ik had haar toen ze buiten bewustzijn raakte iedere dag opgezocht. Maar ze reageerde niet op mijn zwaaien. Ze zag mij niet meer. Ze was stervende. Ik weet nog als de dag van gisteren dat ik voor het eerst naar haar toe mocht. Daar stond ik dan naast haar bed. En opeens deed ze haar ogen open. Ze moet gevoeld hebben dat ik na tien jaar eindelijk bij haar was. Het leek wel alsof ze op mij gewacht had.'

Thuisgekomen kreeg Tom van zijn vader een enveloppe. Daarin zat een zorgvuldig dichtgevouwen brief. Het was de laatste brief die zij voor hem in haar blocnote geschreven had. 'Ik heb hem nog steeds. Ik ken de tekst uit mijn hoofd. Ik heb geprobeerd haar wensen en aanbevelingen uit te voeren.' 'Ze schreef dat ik altijd eerlijk moest blijven en dat ik een goede vrouw moest vinden, het liefst een boerenmeisje. Ik moest mij altijd netjes gedragen en goed zorgen voor mijn drie zusjes. Ik was toen vijftien jaar oud. Gelukkig kon ik mijn verdriet uiten in de muziek. Mijn emoties stopte ik in mijn pianospel op het conservatorium.'

Met een beurs maakte Tom Westermeijer het conservatorium af. De muziek verschafte hem veel plezier. Maar hij ging door met de handel en moppen maken. Vanaf zijn tiende maakte hij – ook onder de beroerdste omstandigheden – iedere dag een mop. Daar zijn ook boekjes van gemaakt. 'Ik heb een afwijking. Tegenwoordig maak ik twee moppen per week. Ik ga niet slapen voor ik ze af heb. Ook al zijn ze niet altijd even leuk.'

In Rotterdam organiseert hij jaarlijks met zijn vriend André van Duin het Uierboorddiner voor die Rotterdammers die net als dit tweetal het arm hebben gehad en het nu hebben gemaakt, zoals dat heet. Uierboord is het goedkoopste vlees dat er is. Het komt van de uier van een koe. De armste Rotterdammers aten het en hadden voor de rest van de week 'vleesjus'. Tijdens het diner in Old Dutch is er een tombola, waarbij iedereen een prijs wint. De hoofdprijs gaat naar een goed doel. Bij het uitreiken der prijzen rollen de grappen over tafel. Westermeijer: 'Deze prijs gaat naar een echtpaar dat heel beroemd is. We houden het spannend, maar ik kan verklappen, dat ze een trapezenummer hadden.' André van Duin: 'Ja dat hadden ze allemaal. Daar schieten wij niets mee op.' Westermeijer: 'Hij zat op een trap en hij liet zijn vrouw pezen...'

De muziek blijft een hoofdrol spelen. Westermeijer speelt nog graag piano en hij speelde ook een paar maal voor de Koningin, bij de opening van een dovencentrum en de opening van de Willemsbrug in Rotterdam. Hij kocht het gebouw van De Nederlandsche Bank op het Noordeinde in Den Haag en restaureerde het voor miljoenen. 'Ik wist dat u mooi piano kon spelen. U heeft het gebouw van de Nederlandsche Bank ook heel mooi gerestaureerd,' zei de Koningin. Bij de opening van de Willemsbrug sprak hij ook nog met haar over de toen zorgelijke economie. 'Ik zei haar toen: "Als je tegen iemand zegt dat hij wit ziet, wordt hij ook echt beroerd." Ze lachte en zei: "Ik begrijp wat u bedoelt. Doorzetten, hè, daar gaat het toch om.En ze gaf mij een por...."'

En zo kwam het Ketelbinkie uit Rotterdam in de hoogste kringen. Maar hij bleef eenvoudig. 'De mensen beseffen vaak niet dat ik nog dezelfde Tom Westermeijer ben van vroeger. Ik heb een enorme hekel aan arrogante mensen. Daar kan ik gewoon niet tegen. Je moet respect hebben voor iedereen. Voor de kelner, de glazenwasser en de vuilnisman. Stel je voor dat je maandag ruzie maakt met de vuilnisman. Dan moet je dinsdag wel zelf de vuilnis wegbrengen. Daarom, doe maar gewoon. Ik zeg altijd: mensen die het meest achter in de keel praten, zijn ook het verst achter met het betalen van hun contributie.'

Zelf werkt hij nog dag en nacht. Hij heeft een scherpe blik op onroerend goed. Hoe verwaarloosd ook, hij kijkt er doorheen en ziet de mogelijkheden. Een van zijn eerste aankopen was het Vestagebouw in Arnhem. Het werd het hoofdkantoor van de holding, waar hij en zijn drie zoons het bedrijf leiden. Op de eerste verdieping bevindt zich zijn riante werkkamer met in de hoek zijn favoriete piano, een Bösendorfer. Hij heeft er nog een paar elders staan. Ook op zondag gaat hij naar locaties kijken. 'Liever nog, want dan ziet niemand mij, anders gaat de prijs omhoog.'

Zakelijke tegenslag bleef hem niet bespaard. In 1981 stortte alles in elkaar. Godzijdank was het bedrijf in allerlei aparte bv's ondergebracht. Twaalf van de veertig vielen omver. 'Ik was erg timide en teleurgesteld. Moest iedereen ontslaan. Dat is heel erg. Paniek bij de banken! Dan leer je je echte vrienden kennen. Er deden veel praatjes de ronde. Zo van: "Dat heb ik zien aankomen of dat heb ik altijd wel gedacht." Ik ben met de mensen gaan praten. Het zit nu even niet mee. Ik kan even niet aan mijn verplichtingen voldoen, maar het komt goed. Het kwam ook goed. Later ben ik al die mensen langsgegaan en heb ze hun centen kunnen geven.' Zou zo'n terugslag vandaag de dag nog kunnen? 'Zeker, vooral als je kijkt naar de alsmaar stijgende prijzen van het onroerend goed.'

Vol trots laat hij zijn laatste aanwinst zien. Het landgoed Hunzebergen, twee kilometer ten zuiden van Exloo. Hij heeft er een kostbare Résidence bij gebouwd. Plus een aantal vrijstaande bungalows, waar bekende Nederlanders hun rust kochten. Een zaak van tientallen miljoenen. Westermeijer is van een portefeuille van tweehonderduizend gegroeid naar een portefeuille van boven het miljard.

'Ze kunnen mij 's avonds nog thuis bellen. Als je een goed project in Groningen hebt, rijd ik zo weg. Toen wij voor het eerst eens met vakantie gingen naar Zuid-Frankrijk, kwam dat omdat mijn vrouw dat noodzakelijk achtte. Ik moest er toch aan wennen om niets te doen. Gelukkig waren er veel locaties die ik kon bekijken, zo blijf je toch bezig. Ik heb altijd twee blocnotes bij mij, waarop ik al mijn ideeën schrijf. Vaak loop ik door de bossen, daar ontstaan de ideeën. Mijn geest heeft nooit rust.'

Zijn echtgenote Janny leerde hij in Rotterdam kennen. Hij was negentien en zij zeventien. En ze zijn nog steeds gelukkig met elkaar. Hij leidt een gedisciplineerd leven. Om zeven uur 's ochtends zwemt hij een paar baantjes in zijn zwembad. En 's avonds voor het slapen gaan ook. Dan valt alles van hem af. 'Ik leef verder heel gezond. Anders houd je dit niet vol.'

Zo nu en dan krijgt de man, die als jongen alles verkocht wat los of vast zat, nog wel eens een aanbieding. Zoals driehonderdduizend paar sportschoenen voor twee euro per paar. 'Ik zou ze makkelijk voor vijf euro per paar kunnen verkopen. Het kriebelt dan wel. Maar ik doe het niet. Die tijd is voorbij.' Hij ziet het ondernemen als een sport. De droom van 'ik wil rijk worden' is vervuld. En als hij morgen alles zou kwijtraken, is hij ervan overtuigd dat hij binnen een jaar weer alles heeft terugverdiend. Het geld ligt nog altijd op straat voor hem. En die straat ligt in Nederland. Hij piekert er niet over naar België te verhuizen. Hij vindt het belastingklimaat in Nederland niet zo'n ramp. De volstrekt legale holdingconstructie maakt het toch mogelijk minder belasting te betalen. Hij kan binnen een kwartier beslissen. Op een dag heeft hij zo wel eens vijftig miljoen verdiend. Zijn filosofie luidt: 'De man die beslist en zich ook wel eens vergist, krijgt meer in de kist dan de perfectionist die de aansluiting mist.'

Wat doet hij met al dat geld? 'Ik geef heel weinig voor mijzelf uit. Ik heb aan vijfhonderd euro per maand genoeg. Ik heb een groot zeewaardig jacht, waar ik hoogstens tweemaal per jaar mee vaar. Ik heb een appartement in Parijs, waar ik tot nu toe een keer geweest ben.'

Tom geeft veel geld weg. Hij wil graag zijn fortuin delen met anderen. Hij steunt talrijke kindertehuizen, de Flying Doctors, de Kankerbestrijding en het Anthony van Leeuwenhoekziekenhuis in Amsterdam en de Daniël de Hoed kliniek in Rotterdam, tbc-organisaties, en ga zo maar door.

Zijn nieuwste project is het verzorgen van hartoperaties voor kinderen. In hun land (Servië, Jordanië, Afrika) hebben ze geen toekomst. Het gaat om zo'n tweeduizend kinderen en de operatie kost dertigduizend euro. Totaal gaat het om zestig miljoen. 'Dat is natuurlijk een groot bedrag. Ik heb tegen professor Eysman gezegd: laten wij beginnen met veertien kinderen. Ze worden blauw binnen gebracht en na twee dagen mogen ze al weer naar huis. Ze waren onherroepelijk doodgegaan. Het klinkt misschien gek, maar ik heb er gehuild als een kind...Wat ben je rijk als je dat kunt doen.'

Hier klinkt de stem van een gelovig mens? 'Dat klopt. Ik ben hervormd en heb belijdenis gedaan. Ik ga niet meer naar de kerk maar ik bid wel. Ik bid iedere dag. Niet om meer geld, maar voor de goede doelen die ik steun.'

Door al zijn sponsoractiviteiten op medisch gebied, heeft hij de beste contacten met een aantal hoogleraren/specialisten. Dat kan geen kwaad, want ook fysiek ongemak is de familie niet bespaard. Zelf lag hij met een snerpende pijn van de jicht in het ziekenhuis. 'Het is misschien gek, maar het was toch ergens goed voor dat ik in het ziekenhuis lag. De zaak was zo groot geworden dat ik zelf geen grip meer op de dingen had.' In het ziekenhuis broedde hij op zijn comeback. Om het nog beter te doen. 'Toen ik doodziek was,

Als onroerend goed magnaat speelde Tom Westermeijer in 1981
voor de Koningin in het Hulstkampgebouw in Rotterdam.

droomde ik dat er 's nachts een dokter met een witte jas voor mijn bed stond met de woorden: "Mijnheer Westermeijer, u moet stoppen met werken." Badend in het zweet werd ik wakker. Dat was mijn ergste nachtmerrie.'

Zijn vrouw heeft een hersenoperatie ondergaan. Er is een groot gezwel verwijderd. 'De artsen zeiden tegen mij dat de tumor 36 jaar oud was. Toen is het begonnen. Al die jaren moet zij hoofdpijn hebben gehad. Maar nooit klagen. Het begon natuurlijk met een lichte hoofdpijn. Niet zeuren, daar moet je mee leren leven. Tot het niet meer kon. Zij is na de operatie een ander mens geworden. Zij heeft weer overal zin in. Zij wil een fiets en nieuwe kleren...'

Op zijn talrijke feesten is Westermeijer altijd omgeven door specialisten. Het zijn speciale gasten. Op een avond in de Kleine Komedie in Amsterdam waar de finale van de Franse chansonwedstrijd (gesponsord door Westermeijer) plaatsvindt, staan de hooggeleerde heren met het glas in de hand om hem heen. Ik zeg tegen André van Duin: 'Nu hebben wij het neusje van de zalm, de top van de medische wetenschap, bij ons en wij mankeren niets.' Zegt een professor met een lachje: 'Ga maar met ons mee. We vinden altijd wel wat...'

Al deze medici helpen hem met zijn plannen voor de hartoperaties voor kinderen, die anders hulpeloos verloren zijn. Er zijn nu twee kinderen (zestigduizend euro!) geholpen. 'Ik ga er andere mensen bij halen. Ik ga liefdadigheidsconcerten geven op de Hunzebergen. Ik ben ook nog hoofdsponsor van het Metropole-orkest.'

Als je in grote internationale zaken gaat, is het toch nadelig dat je geen opleiding hebt gehad in buitenlandse talen. Het probleem van veel selfmade ondernemers. Westermeijer lacht: 'Ik spreek heel goed Engels, maar niemand verstaat mij...'

Willem Duys heeft heel veel voor mij gedaan. In het binnen- en buitenland heeft hij mij veel geholpen. Ook bij openingen en het organiseren van recepties. Hij heeft mij zo'n tien jaar bijgestaan.

Zijn tips voor iemand die de ambitie heeft om rijk te worden:
1 Hij/zij moet een goede verkoper zijn. Een goede verkoper kan zichzelf ook goed verkopen. Toen ik geen cent had en langs de deur ging, had ik toch altijd een schoon wit overhemd aan, een stropdas en een colbert. En als ik aanbelde, stak ik mijn hand uit en zei: 'Mag ik mij even voorstellen. Ik ben Tom Westermeijer... Sorry, dat ik u lastigval.'
2 Je moet hard willen werken. Vroeg opstaan (zes uur) en voor elven naar bed.
3 Niet te veel alcohol drinken.
4 Je afspraken nakomen. Als ik ergens om twee uur een afspraak had, was ik altijd tien minuten eerder aanwezig.

Veel mensen die het vroeger slecht hadden en rijk zijn geworden, zijn zuinig van aard. Ze zijn altijd bang geld te verliezen en weer in de omstandigheden van vroeger terecht te komen. 'Ik ken ze. Jij bent zo zuinig, ' zeg ik dan, 'dat je 's nachts in de tuin staat te blaffen om een hond uit te sparen.'

'Ik vind dat je het geld moet laten rollen voor goede doelen. Hele waslijsten. En als je iemand hebt geholpen dan verdien je dat de volgende dag weer terug. Hoe meer je weggeeft, hoe meer je krijgt. Zonder meer. Ik ben niet alleen arm geweest, ik heb soms niet te eten gehad. Dat we gewoon de avondmaaltijd maar oversloegen. Echt waar, hoor.' Maar zijn drie zoons (onder wie een tweeling) hebben het altijd goed gehad. 'Ja, dat klopt. Maar ik heb altijd mijn best gedaan om hun leven eenvoudig te laten. Het gaat zo gauw verkeerd. Mijn enige verdriet bij mijn kinderen is dat twee van de drie gescheiden zijn. Dat vind ik heel erg. Anderzijds: ze hebben gezorgd voor zes kleinkinderen. Iedere zoon heeft een jongen en een meisje. Zo'n scheiding is een debacle voor die kinderen.'

'Mijn zoons zijn ieder voor zich een portefeuille aan het opbouwen. De een heeft zich gespecialiseerd in hotels. Hij heeft onder andere Golden Tulip gekocht en staat op het punt tachtig hotels in Duitsland over te nemen.'

'Laten wij erover ophouden. Een van de kinderen die ik heb laten opereren heet Iko, een meisje van tien jaar. Zij zou anders nu al begraven zijn. Ik had een pop voor haar gekocht en toen kwam ze bij mij zitten. Wat ben je dan rijk jongen. Wat ben je dan rijk.'

Willem van 't Wout

Van Rotterdams boefje tot nikkelkoning

Willem van 't Wout is een geboren koopman. 'Ik kan niks anders.' zegt hij zelf. Het maakt niet onmiddellijk uit, waarin hij handelt. Zolang het tenminste maar netjes is. Als kind in de oorlog verkocht hij al gist dat ergens van 'de wagen gevallen was'. Dat was de wagen die iedere dag gist van de brouwerij naar de bakker bracht. Hij was toen tien jaar, haalde met zijn vriendje Bappie een pak gist uit een bakkerswagen van de Duitse bezetters en verkocht het op de markt. Op een gegeven moment hadden de kwajongens 13.000 guldens, die verstopt werden op de zolder van Bappie. Op die zolder zat echter ook de grote broer van Bappie ondergedoken en die ontdekte hun fortuin. 'Leuk voor het verzet,' zei hij, en de poen was weg.

Willem werd op 5 april 1932 geboren in de Bloklandstraat in Rotterdam-Noord. Het was dezelfde buurt waar grote voetballers als Coen Moulijn en Faas Wilkes het levenslicht zagen. Coen woonde tweehonderd meter verderop in het doodlopende stukje met aan het einde het beroemde blinde muurtje, waar hij voetballen leerde en zichzelf trainde in het loepzuiver schieten. Hij was vijf jaar jonger. Faas was weer ouder. Ze voetbalden allemaal in het begin bij Xerxes.

Willem van 't Wout als jong ondernemer bij de nikkelmijnen op Cuba.

'Ik mocht als jongetje het voetbalkoffertje van Faas Wilkes dragen. Bij uitwedstrijden mocht ik daarom ook mee met de Xerxesbus, een oude omgebouwde vrachtwagen van de vader van Faas. Jongens, wat was ik trots! Ik was meer verguld dan als ik de hoogste koninklijke onderscheiding zou hebben gekregen. Faas is een goede vriend geworden. Tot zijn dood kwam hij hier iedere dag tussen vier en vijf een kop koffie drinken.'

Wim was enig kind. Zijn vader was gestorven toen hij vier was. Hoewel zijn familie van vaders kant niet armlastig was, lieten ze moeder en zoon zakken als een baksteen. 'Mijn moeder heeft zich haar hele leven te pletter gewerkt, terwijl ik bij mijn grootouders van moeders kant werd opgevoed. Het was geen vetpot. Integendeel. Soms denk ik wel eens, dat dat mijn diepe "drive" is, mijn innerlijke dwang om wat te bereiken in de wereld. Om de familie van mijn vaders kant af te troeven. Die ons zo in de steek heeft gelaten.'

Hij ging naar de school in de Meidoornstraat. Het was een nieuwe school. Er waren maar heel weinig leerlingen. Er was ook maar één klas, zodat je van de eerste tot en met de zesde klas bij dezelfde onderwijzer in de klas zat. 'En dat was een fantastische vent.' 'In de oorlogsjaren gingen wij vrijwel niet naar school. Je was de gehele dag bezig om aan eten te komen. Maar wij gingen toch allemaal gezellig over en kregen bij de mulo een soort nooddiploma.' Na de school werkte hij even bij een scheepsbevoorrader en kwam er al snel achter dat je wat moest leren om het in het leven te redden. Dus volgde hij allerlei avondcursussen Frans, Duits, Engels en boekhouden. Een van de leraren bracht hem onder bij een grote onderneming die handelde in vleesproducten, reuzel en dergelijke. Voor vijftig gulden per maand was hij de assistent, van de assistent, van de assistent van de boekhouder.

De jonge Willem was goed in pokeren en het geluk lachte hem toe. Soms ging de telefoon op de afdeling. Het was voor Willem. 'Komen', werd er dan gezegd. Meer niet. De directie van het bedrijf bestond uit vijf man en bracht de lunchpauze door met pokeren. En soms ontbrak er een vierde man. Dat werd Willem van 't Wout. 'Aanvankelijk brak mij het angstzweet uit, want ze speelden in mijn ogen om hoge bedragen. Een gulden per tien punten. Gelukkig won ik altijd...'

Tijdens de lunchpauze werden vaak ook de zaken doorgenomen. 'Het leuke was dat ze bij de lunch hun toekomstplannen bespraken. Ik hoorde van alles. Op een gegeven moment hadden ze het erover, dat ze in farmaceutische artikelen wilden gaan handelen. En daar zochten ze een directeur voor. "Nou, dan hoeven jullie niet lang te zoeken, want die directeur zit voor je," zo zei ik. Maar ze hadden toch het liefst een dokter of doctor. Dat was een hele knappe man, natuurlijk, maar hij had geen enkel commercieel talent. Al na een half jaar kwamen ze erachter dat er toch wel een zakelijk directeur bij moest komen. En weer stelde ik mij zelf voor. En weer was het hetzelfde liedje als de eerste keer. Tamelijk beledigend: "Jij zakkenwasser, kom nou...."'

Van 't Wout vond dat ze vrij vernederend met het personeel omsprongen. 'En als ze mij belden om te pokeren, waren ze ook erg onbeschoft. Ze zeiden alleen: "Komen". En hingen dan op. Dus een keer zei ik: "Ik kom niet." Ze begonnen te vloeken en zeiden: "Als je hier niet binnen een minuut bent, ben je ontslagen." Ik verdiende daar inmiddels zestig gulden per maand. Maar ik voetbalde onder een andere naam ergens in Brabant en daar kreeg in 150 gulden per maand. Dus die zestig gulden was wel belangrijk, maar niet doorslaggevend. Toen kwam na drie dagen de president-directeur langs en die vroeg: "Wat is er met jou aan de hand?" Ik zei: "Jullie hebben een baan en die wil ik hebben." "Maar kun je dat dan?" zo vroeg de hoogste baas en 's avonds had ik die baan. En kreeg een paar honderd gulden per maand, maar daar ging het mij niet eens om. En ik was zo succesvol dat iedereen mij als een genie beschouwde en ik mijzelf ook, ha, ha, ha.'

Van 't Wout besloot voor zichzelf te beginnen. De directeur raadde het hem af en bood honderd gulden meer. Maar Van 't Wout stond stijf van het zelfvertrouwen. Hij liet briefpapier drukken en opende een kantoortje bij een vriend. 'Mijn business was een oorlogsgebied destijds. Goa, een Portugese enclave in India. Ik leverde farmaceutische artikelen als sulfan (een voorloper van penicilline) en vaseline. Maar ik was nog niet begonnen of de oorlog was afgelopen. Toen heb ik een jaar honger geleden, want ik verdomde het om naar mijn oude baas terug te gaan.'

'Toen ontmoette ik een zoon van een schatrijke vader, die ook in de farmaceutica zat. Toen waren de problemen voorbij. Er was geld, er was een financier. De jongen had zijn erfdeel al opgenomen en opgemaakt. Hij was knotsgek, maar het was wel de mooiste tijd van mijn leven. We gingen samen in zaken, maar zijn vader leende alleen geld aan mij, nooit aan zijn zoon. Hij deed de gekste dingen. Hij sprak ook altijd in de wij-vorm. Zo kwam hij op kantoor en zei: "Willem we hebben een gieterij gekocht." Ik antwoordde: "Jij hebt een gieterij gekocht. Ik niet. Ik ga daar niet zitten, hoor. Want daar word je vuil van en vies." Maar hij hield aan. Dus ik maar weer naar zijn vader toe om geld te lenen. En ja hoor, na twee weken had zoonlief het alweer bekeken en zat ik met een metaalgieterij. Zo ben ik in de nikkelhandel gekomen.'

'Op een dag kwam er een Belg langs en die vroeg: "Kun jij voor mij grote nikkelen asbakken gieten?" Dat kon. Hij bestelde er meteen honderd. Ik vond ze niet bijzonder en zeker niet hoogstaand gemaakt. Er zaten hier en daar foutjes. De een had geen oor en in de ander zat een deukje. Maar hij vond ze prachtig! Hij plaatste een grote order. Ik heb miljoenen van die asbakken gemaakt.' De productie verliep wel problematisch. Nikkel heeft een smeltpunt van 2350 graden en die hoge temperatuur was met het primitieve oventje van Willem van 't Wout bijna niet te halen. De vormen waren ook grillig, want het nikkel koelde snel af.

Wat bleek echter het geval? Er was na de oorlog een groot tekort aan nikkel, dat onder andere noodzakelijk is voor het maken van roestvrij staal. Daardoor was er een zwarte markt ontstaan en gold er een uitvoerverbod. Er werden nu asbakken uitgevoerd en die werden weer omgesmolten en met winsten van meer dan honderd procent als partijen nikkel verkocht! 'Je begrijpt dat mijn partner opeens een bijzondere belangstelling kreeg voor nikkel. Hij werd enthousiast. Op een dag komt hij op kantoor en zegt trots: "Ik heb honderd ton nikkel verkocht!" Ik vroeg: "En voor welke prijs?" "Nou, gefeliciteerd!" "En heb je het meteen ook ingekocht?" Nee, dat had hij niet, dat was een fluitje van een cent. Nou, dat was het dus niet. Hij had het nikkel verkocht aan een grote Duitse staalfabriek. Hij was nooit op kantoor, maar die Duitsers belden iedere dag waar hun nikkel bleef en ik moest ze te woord staan. Ik kreeg het hondsbenauwd. Uiteindelijk heb ik mijn oude baas gebeld, waar ik destijds ben weggegaan. De man heeft mij uit aardigheid altijd een beetje bijgestaan en was inmiddels gepensioneerd. Hij vroeg: "Waar komt nikkel vandaan?" Ik zei: "Onder andere uit Canada." Hij zei: "Als jij mijn reis betaalt, ga ik daar kijken of ik wat bereiken kan." Dat deed ik graag. Hij kwam terug uit Canada en toen waren wij agent van een Canadese nikkelfabriek en kregen drie ton per maand! Maar het nikkelcontract stond wel op zijn naam en wij waren voor vijftig procent winstgerechtigd. Toen ik die Duitsers drie maanden achter elkaar drie ton had geleverd, kregen ze medelijden met mij en zeiden: "Het is wel goed Van 't Wout", toen hoefde ik de rest niet meer te leveren.

Dus ik was van het contract af en kreeg nog steeds drie ton nikkel per maand. Daar verdienden wij op papier goed aan. Maar toen kwam mijn partner op kantoor en zei: "Willem we gaan naar Brazilië. Daar gaan we wonen en handeldrijven." Zijn broer boerde namelijk nogal goed in Brazilië. Ik zei dat ik daar niets voor voelde. Ik wilde niet mee. Veel geouwehoer volgde, maar uiteindelijk kon hij er mee leven. Hij wilde de winst uit de gieterij en de nikkelhandel uitgekeerd krijgen. Tot nu toe hadden wij nog geen geld opgenomen. Ik ging weer naar mijn oude baas. Hij kwam met een voorstel. De gekke zoon kreeg zijn centjes. De helft van de vijftig procent die ons toekwam. "Maar voor jou heb ik een heel ander plan. Kom morgen

